Cerddi'r Sêr

Cyhoeddiadau
Barddas

Cyhoeddiadau
Barddas

℗ Rhys Meirion/Cyhoeddiadau Barddas ©
Y cerddi ℗ Y beirdd ©
Argraffiad cyntaf 2017
ISBN 9781911584117

Cyhoeddwyd gan Gyhoeddiadau Barddas.

Mae'r cyhoeddwr yn cydnabod
cefnogaeth ariannol Cyngor Llyfrau Cymru.

Argraffwyd gan Y Lolfa, Talybont.
Dylunwyd gan Tanwen Haf.
Ffotograffiaeth ℗ Iolo Penri ©

Cerddi'r Sêr

Cynnwys

Rhagair

Fel canwr, dwi yn y sefyllfa hynod o freintiedig o gael dehongli geiriau rhai o'n beirdd gorau ni, a hynny ar gerddoriaeth rhai o'n cyfansoddwyr gorau ni, ac mae'n rhywbeth sy'n rhoi boddhad mawr imi. Pan mae'r briodas ysbrydoledig yna'n digwydd rhwng geiriau ac alaw, yn aml mae'r cyfuniad yn ein codi – boed yn berfformwyr neu'n wrandawyr – i ryw fyd arall am eiliad, ar garped hud o emosiwn. Mae caneuon fel 'Cwm Pennant' Eifion Wyn a Meirion Williams neu 'Mae Hiraeth yn y Môr' R. Williams Parry a Dilys Elwyn Edwards yn dod i'r meddwl yn syth, yn ogystal â llu o rai eraill. Fel bodau dynol, rydym yn ymdeimlo â myrdd o emosiynau – hapusrwydd a thristwch, euogrwydd a gorfoledd, cariad a chasineb – ac rydym yn ffodus hefyd o allu rhoi mynegiant i'r emosiynau hynny. Y ffordd fwyaf pwerus o'u mynegi, dybiwn i, yw trwy eiriau.

Yr hen, hen gwestiwn sydd yn cael ei ofyn drosodd a throsodd – er nad oes unrhyw gysondeb yn yr atebion iddo, wrth gwrs – yw beth ddylai ddod gyntaf wrth berfformio cân, y geiriau neu'r gerddoriaeth? I mi, mae'r ddau mor bwysig â'i gilydd: mae'n bwysig bod y geiriau'n ddealladwy i'r gynulleidfa, ond hefyd mae'n bwysig bod yr alaw'n llifo heb fod yn rhy acennog a thrwsgl. Mae gan rai gwledydd draddodiadau gwahanol yn hyn o beth, ac mae'r farn, felly, yn gallu amrywio; er enghraifft, yn yr Eidal, os yw'r gynulleidfa'n amau eich bod yn rhoi gormod o sylw i'r geiriau a bod y llyfnder, sef y *legato*, yn dioddef yn y canu, yna fyddan nhw fawr o dro yn datgan eu hanfodlonrwydd!

Wrth baratoi a dysgu cân newydd, mi fydda'
i bob amser yn darllen y geiriau eu hunain
fel barddoniaeth yn y lle cyntaf. Does yna
ddim byd tebyg i ddarllen darn newydd o
farddoniaeth a gadael i'r geiriau, yr acenion,
yr odl, y cymariaethau a'r disgrifio greu
delweddau sydd yn tanio ein dychymyg,
yn lleddfu ein poenau ac yn ein hysbrydoli
i wynebu rhyw sialens neu rhyw newid
pwysig yn ein bywydau. Mae'n gywilydd gen
i gyfaddef nad oeddwn yn ddarllenwr mawr
ar farddoniaeth tan i mi ddechrau canu yn
fy ugeiniau hwyr, a'r boddhad hwnnw o
ddarllen y geiriau ar wahân i'r gerddoriaeth
fu'n ysgogiad i mi ddarllen cerddi sydd
yn sefyll yn hollol naturiol a chadarn heb
nodyn o gerddoriaeth yn agos atyn nhw.

Mi fydda' i wrth fy modd yn darllen
barddoniaeth o bob math, boed yn gerddi a
strwythur iddyn nhw neu'n rhai cwbl rydd.
Mae'r gynghanedd, hefyd, yn dod â phleser
pur, ac efallai mae ychydig o waed fy hen
daid, Thomas Richards y Wern, sef awdur
yr englynion 'Ysgyfarnog' a 'Ci Defaid'
a ddaeth yn fuddugol yn yr Eisteddfod
Genedlaethol, yn rhedeg yn fy
ngwythiennau yn hyn o beth.

Rwy'n ddiolchgar iawn i Barddas am ofyn i mi olygu'r gyfrol hon, sydd yn gasgliad o hoff gerddi rhai o'n sêr, neu'n henwogion ni, yma yng Nghymru. Diolch i bob un o'r cyfranwyr am fod mor barod i rannu eu hoff gerddi gyda ni, a hynny mewn ffordd ddiffuant iawn.

Gobeithio y cewch chi foddhad mawr o ddarllen y cerddi ac o ddarllen y stori y tu ôl i'r dewis. Gobeithio hefyd y bydd y gyfrol yn denu darllenwyr newydd i farddoniaeth Gymraeg, achos mae barddoniaeth yn falm i'r galon ac yn rhoi'r cyfle prin yna i ni ymgolli yn ein byd bach ein hunain, ar daith fer ym mreichiau geiriau rhai o feirdd gorau'r byd – ein beirdd ni.

Rhys Meirion

Rhys Meirion

'Eifionydd' – E. Griffiths Hughes

Mae'n rhyfedd beth sydd yn ein cyffwrdd a'n cyffroi pan fyddwn yn blant, yn tydi? Yn fuddugol ar gystadleuaeth y cywydd yn Eisteddfod Genedlaethol Bro Dwyfor 1975 roedd Evan Griffiths Hughes, Rhoshirwaun gyda'i gywydd i 'Eifionydd'. Doeddwn i ddim callach o hynny, wrth gwrs, a finnau'n hogyn naw oed ar y pryd, ond roedd fy nhad yn aelod o Barti Meibion Dwyfor, dan arweiniad Selyf Jones, ac yn Eisteddfod Genedlaethol Wrecsam yn 1977 fe ganodd y parti y detholiad hwn o'r cywydd, ar y gainc *Llety'r Bugail*, yng nghystadleuaeth y partïon cerdd dant. Byddai fy nhad yn ymarfer yn ddygn o gwmpas y tŷ ac roeddwn innau, yn ei sgil, yn gwybod y geiriau ar fy nghof.

Erbyn heddiw, wrth gwrs, rwy'n gallu gwerthfawrogi symlrwydd cywrain y geiriau sydd yn llifo mor naturiol wrth ddatgan cyfrolau mewn ychydig benillion. Mae gwreiddiau pob un ohonom, yn anorfod, yn ddwfn yn ein magwraeth, ac fe fydd y cywydd hwn i 'Eifionydd' yn aros yn annwyl iawn i mi am byth.

Rhys Meirion

Eifionydd

(detholiad)

Y cwmwd lle bu cymaint
Llu o feirdd mewn lle o'i faint,
Betws Fawr tra mawr yw mwy
Yno trwm fardd fu'n tramwy,
Myfyrio, a rhodio'n rhydd
Drwy fwynaf dir Eifionydd.

A Phedr Fardd hoff awdur fu
Am ei hynaws emynu,
Canu cainc i ieuanc oed
Ymwybu â dawn maboed.
Mae rhin ym more einioes
O garu grym Gŵr y Groes.

Dewi Wyn hyglod ei waith
O'r Gaerwen, a'i ragorwaith
Eglur clir i hir barhau,
Gweinidog ei ganiadau;
Gŵr yr 'Elusengarwch'
Aeth yn rhan o'i Llan a'i Llwch.

Eben Fardd ei ardd oedd hi
Ei lannerch i ffrwythloni,
Mawr ei gerdd i'r 'marmor gwyn'
Y rhysedd lle bu rhosyn,
A rhoi nerth i'n cadarnhau
Mae ei enwog emynau.

Cwm Pennant teg gwmpeini

Eifion Wyn a gofiwn ni,

A Dwyfor deg ei deufin

Mae sawr y maes ar ei min,

Min ei dŵr y man di-ail

I gerdded dan y gwyrddail.

Bro y diddan brydyddu

A mawl ei beirdd mal y bu;

Llawn o eraill lenorion,

Am ei sêr mae yma sôn,

Cadwed Iôr Fro Dwyfor deg,

A'i chu heniaith hi'n chwaneg.

E. Griffiths Hughes

Bethan Gwanas

'Hen Benillion' – Anhysbys

Yr Hen Benillion a gafodd eu dethol gan T. H. Parry-Williams 'nôl yn 1940 ydi fy hoff gerddi i. Does neb yn gwybod pwy sgwennodd nhw na phryd, ond maen nhw'n hyfryd ac yn llawn gwirioneddau am fywyd. Roedden nhw'n cael eu hadrodd a'u canu ymhell cyn i bobl ddechrau eu cofnodi yn yr unfed ganrif ar bymtheg. Cerddi wedi eu sgwennu gan y werin ydyn nhw, mewn iaith lafar, syml, a merched yw'r awduron yn aml.

Profiad merch sydd yn y pennill yma, yn fy marn i; merch sy'n sylweddoli ei bod wedi gwrthod sawl cyfle am hapusrwydd, boed yn ei dewis o gariadon neu yn ei dewis o gyfleon mewn bywyd:

> Myn'd i'r ardd i dorri pwysi,
> Pasio'r lafant, pasio'r lili,
> Pasio'r pincs a'r rhosys cochion,
> Torri pwysi o ddanadl poethion.

Mae honna yn fy nghyffwrdd i, mae hi'n dweud cymaint mewn ffordd mor gynnil a theimladwy. A dyna'r apêl, yn ôl T. H.: 'Yr oeddynt yn deffro ymateb yn rhywle, yn cyffwrdd â rhyw synhwyrau, yn boddio rhyw ddyheadau, ac yn cyflenwi rhyw anghenion.' Maen nhw'n dod â'r gorffennol yn fyw, yn rhoi blas i ni o brofiadau ac emosiynau ein hynafiaid, ac yn profi nad yw bywyd wedi newid llawer. Yr un pethau sy'n bwysig i ni, a'r un yw'r gwersi.

Bethan Gwanas

Hen Benillion

Pan fo seren yn rhagori,
Fe fydd pawb â'i olwg arni;
Pan ddêl unwaith gwmwl drosti,
Ni fydd mwy o sôn amdani.

~

Mwyn, a mwyn, a mwyn yw merch,
A mwyn iawn lle rhoddo'i serch;
Lle rho merch ei serch yn gynta',
Dyna gariad byth nid oera.

Os gweli rywbeth rhad a da
    Cymera hyn o gyngor —
Ei fod yn ddrud am unrhyw bris
    Os gall dy flys ei hepgor.

                    ~

Canu wnaf a bod yn llawen,
Fel y gog ar frig y gangen;
A pheth bynnag ddaw i'm blino,
Canu wnaf a gadael iddo.

                        Anhysbys

Tudur Owen

'Anfon y Nico' – Cynan

Pan fydda i'n gyrru rhwng Porthmadog a Phen-y-groes, mi fydda i'n adrodd llinell gynta'r gerdd 'ma'n uchel wrth weld fy nghartref ar lannau Ynys Môn yn y pellter. Mae hi'n rhyw ddefod mae'n rhaid i mi ei chyflawni, p'run ai oes gen i gwmni yn y car neu beidio!

Mae'r delweddau oedd yn dod i fy meddwl wrth i Mam ddarllen y gerdd yma imi pan oeddwn yn blentyn bach yr un mor fyw ag erioed. Dwi'n cofio dychmygu'r olygfa drwy lygaid yr aderyn bach wrth iddo gyrraedd diwedd ei daith a gweld y Fenai o'i flaen ac Ynys Môn tu hwnt.

Hon oedd y gerdd gyntaf i mi gymryd sylw go iawn ohoni, achos roedd hi'n fyw i mi; roeddwn i'n gallu cysylltu'r llinellau â'r wlad gyfarwydd yr oeddwn i'n ei gweld o 'nghwmpas, a hefyd y wlad ddiarth roedd yn rhaid i mi ei dychmygu drwy eiriau'r bardd.

Dwi'n cofio hefyd ei darllen droeon i mi fy hun, gan fod dadl wedi codi ynghylch pa dŵr yr oedd y bardd yn cyfeirio ato. Erbyn heddiw, dwi'n sylweddoli mai Mam oedd yn iawn wrth iddi esbonio mai tŵr eglwys Llangaffo oedd ganddo mewn golwg ac nid Tŵr Marcwis, fel roeddwn i'n mynnu. Roedd Mam wastad yn iawn, ac mi fydda inna wastad yn adrodd y llinell gyntaf cyhyd ag y bydda i'n gweld yr un olygfa ag a welodd y 'Nico annw'l'.

Tudur Owen

Anfon y Nico

Nico annw'l ei di drosta' i
    Ar neges fach i Gymru lân?
Ei di o fro y clwy' a'r clefyd
    I ardaloedd hedd a chân?
Ydi, mae'r hen Strwma'n odath
    Dan y lleuad ganol nos,
Ond anghofiat tithau'r cwbwl
    'Daet ti'n gweld y Fenai dlos.

Sut yr wt-ti'n mynd i 'nabod
    Cymru, pan gyrhaeddi 'ngwlad?
Hed nes doi i wlad o frynia
    Sydd ar môr yn cuddio'u tra'd;
Lle mae'r haf yn aros hira,
    Lle mae'r awal iach mor ffri,
Lle mae'r môr ar nefoedd lasa,
    Gwlad y galon — dyna hi.

Chwilia Gymru am yr ardal
　　Lle mae'r gog gynhara'i thôn
Os cei di yno groeso calon
　　Paid ag ofni — dyna Fôn:
Hêd i'r gogladd dros Frynsiencyn,
　　Paid ag oedi wrth y Tŵr,
Ond pan weli di Lyn Traffwll,
　　Gwna dy nyth yng ngardd Glan Dŵr.

Gardd o floda ydi honno,
　　Gardd o floda teca'r byd,
Ond mi weli yno rywun
　　Sy'n glysach na'r rhosynna i gyd!
Cân 'y ngofid, cân i Megan,
　　Cân dy ora iddi hi;
Cân nes teimla hitha'r hirath
　　Sydd yn llosgi 'nghalon i.

Dywad wrth 'y nghefnder hefyd
　　Y rhown i'r byd am hannar awr
O bysgota yn y Traffwll,
　　Draw o sŵn y gynna' mawr:
Dywad wrtho 'mod i'n cofio
　　Rhwyfo'r llyn a'r sêr uwchben,
Megan efo mi, a fonta
　　Efo'r ferch o'r Allwadd Wen.

Wedi 'nabod Wil a Megan,
　　'Dei di byth i ffwr', dwi'n siŵr:
Pwy ddoi'n ôl i Facedonia
　　Wedi gwelad gardd Glan Dŵr ?

Cynan

Llwu Gwynedd

'Euro 2016' – Llion Jones

Geiriau Llion Jones, gafodd eu llefaru'n llawn angerdd ar S4C gan Rhys Ifans yn ystod cystadleuaeth yr Ewros ydi fy hoff gerdd i. Mae hi'n gerdd sy'n sôn am gyfnod arbennig yn ein hanes, am gyfnod penodol, ond mi faswn i'n dadlau nad ydi hi wedi colli ei pherthnasedd ar ôl yr haf bythgofiadwy hwnnw. Ei bwriad, mae'n siŵr, oedd creu 'chydig o 'heip' cyn y gemau i'n cyffroi a'n paratoi ar gyfer yr hyn oedd i ddod. Erbyn heddiw, mae'r gerdd yma'n fwy na hynny i mi. Ydi, mae'n mynd â fi'n ôl i'r haf yna, at y teimlad yna, at y balchder o weld y wal goch, heddychlon yn canu fel un, a dwi dal i fod yn gallu uniaethu efo'r neges sydd ynddi.

'Dan ni'n wych fel Cymry am fod yn negyddol ac am fyw ein bywydau'n cofio methiannau ein gorffennol. Prin yw'r cyfleon i gael dod at ein gilydd fel cenedl i ddathlu be sy'n ein huno, ac er fy mod i'n gwybod nad ydi pêl-droed yn gallu dylanwadu llawer ar gyd-destun gwleidyddol Cymru, roedd 'na ymdeimlad mwy gobeithiol yma, yn dilyn yr Ewros, nag oedd wedi bod ers degawdau. Symud ymlaen sy'n bwysig.

Ywain Gwynedd

Euro 2016

Ger y lan mae dagrau loes,
yno, gobeithion einioes
a foddwyd, a breuddwydion
dynion da aeth dan y don.

Yn y cof, sŵn drysau'n cau
yw tristwch taro trawstiau
a llaw ffawd yn dryllio ffydd
ar gaeau'r siom dragywydd.

Hen hanes nawr yw hynny,
o hafau hesb Cymru fu
cyniwair mae cân newydd
a'r haf hwn yw Cymru Fydd.

Yn y Rhyl, Rhosneigr, Rhos,
Garnant, Bagillt a Gurnos
Bedwas, Bala, Llanboidy
mae Cymru'n un ynom ni.

Ag Ewrop ar y gorwel,
da yw byw ym myd y bêl
ciliwch o dir torcalon
yn un dorf a hwylio'r don.

Llion Jones

Sharon Morgan

'Wnaiff y gwragedd aros ar ôl?' – Menna Elfyn

Mewn cyfnod pan oedd dylanwad a phatrymau cymdeithasol Anghydffurfiaeth yn dal yn gryf ar wleidyddiaeth rhyw y Gymru Gymraeg, roedd y gerdd yma, gan fenyw oedd yn ferch i weinidog, yn herio'r drefn. Pan oedd ffeministiaeth yr 'ail don' yn ei hanterth yn yr Unol Daleithiau, Lloegr a sawl gwlad yng ngweddill Ewrop, doedd y syniadaeth ddim wedi cyffwrdd Cymru yn ei hanfod. Roedd llais Menna Elfyn fel chwa o awyr iach; doedd llais y fenyw heb ei chlywed fel hyn o'r blaen yn yr iaith Gymraeg.

Er 'mod i'n anffyddwraig, ac wedi fy magu yn yr Eglwys yng Nghymru, cyflwynais grefydd i fy mhlant yng nghapel Salem, Treganna, er mwyn iddyn nhw ddeall y traddodiad, clywed y Gymraeg a bod yn rhan o'r gymdeithas Gymraeg yng nghanol Caerdydd. Yn aml, cawn fy hun yn myfyrio mewn syfrdandod pan ddiflannai'r menywod i'r festri. Ai dim ond menywod oedd yn deall sut i ddefnyddio tegell? Sut i lenwi tebot? Sut roedd cyfiawnhau'r rhaniadau yma o fewn crefydd oedd yn honni pregethu cariad a chydraddoldeb? Rhaniadau oedd yn treiddio'n ddyfnach o lawer na'r gallu i wneud dishgled o de, wrth gwrs.

Cysur mawr oedd darllen y gerdd hon, a dwi'n llawenhau yn y ffaith fod Menna Elfyn yn dal i greu a chyhoeddi ei barddoniaeth ddifyr.

Sharon Morgan

Wnaiff y gwragedd aros ar ôl?

Oedfa:

corlannau ohonom

yn wynebu rhes o flaenoriaid

moel, meddylgar:

meddai gŵr o'i bulpud,

'Diolch i'r gwragedd fu'n gweini —',

ie, gweini ger y bedd

wylo wrth y groes —

'ac a wnaiff y gwragedd aros ar ôl?'

Ar ôl,
ar ôl y buom,
yn dal i aros,
a gweini,
a gwenu a bod yn fud,
boed hi'n ddwy fil o flynyddoedd,
neu boed hi'n ddoe.

'Ond pan 'wedir un waith eto
o'r sedd sy'n rhy fawr i ferched
wnaiff y gwragedd aros ar ôl
beth am ddweud gyda'n gilydd,
ei lafarganu'n salm newydd
neu ei adrodd fel y pwnc:

'Gwrandewch chi, feistri bach,
tase Crist yn dod 'nôl heddi

byse fe'n bendant yn gwneud ei de ei hun.'

Menna Elfyn

'Y Gwanwyn' – Stephen Edwards

Englyn ydi fy newis i o hoff gerdd. Pan oeddwn i'n hogyn bach mewn trowsus byr, llwyd a jyrsi o'r un lliw, ac yn ddisgybl yn Standard 4 Ysgol British Llangefni, gŵr o'r enw Stephen Edwards oedd yr athro dosbarth oedd yn ceisio cadw trefn arna i. Yna, mi ddaeth yn amser i mi adael yr ysgol fach am yr ysgol uwchradd – diolch i'r drefn, doedd dim rhaid i mi eistedd arholiad yr 11+ neu yn Standard 4 y baswn i o hyd. Mi ofynnais i Mr Edwards am ei lofnod ar y diwrnod olaf gan feddwl y byddai'n ysgrifennu 'Pob dymuniad da, Hywel', neu ryw neges debyg. Ond yr hyn ysgrifennodd o oedd englyn – englyn o'i waith ei hun. A byth ers y diwrnod hwnnw, mae'r gynghanedd, a'r englyn fel ffurf barddol wedi rhoi pleser di-ben-draw i mi. Felly, er cof am athro dylanwadol a dyddiau ysgol heb eu hail, dyma gyflwyno'r englyn arbennig yma.

Hywel Gwynfryn

Y Gwanwyn

Swyn hudol sain ehedydd — a glywn

Yn glir ar foreddydd;

Daear fad yn deor fydd,

A llwyni'n dal llawenydd.

Stephen Edwards

Gareth Roberts

'Garej Lôn Glan Môr' – Steve Eaves

Pan ofynnwyd iddo unwaith, 'Beth ydi'r gwahaniaeth rhwng cerdd a chân?' ateb Bob Dylan oedd 'If it's a song, you can sing it, if it ain't, it's a poem!' Mae hi'n dipyn o gamp felly adrodd cerdd i gyfeiliant cerddoriaeth. Wel, does yna ddim dwywaith amdani fod Iwan Llwyd yn llwyddo wrth adrodd y gerdd hon gan Steve Eaves ar CD *Y Canol Llonydd Distaw*. Dwi wedi dod yn ôl ati droeon yn ddiweddar. 'Dan ni i gyd ar ryw fath o daith am wn i, 'dan ni gyd angen 'ymweld' â Garej Lôn Glan Môr bob yn hyn a hyn er mwyn 'checio'r oil', a gofyn 'ble'r ei di, felly, o fa'ma?'. 'Dan ni i gyd 'yn fythol symudol'.

Dwi wedi cael cwmni sawl un wrth deithio, gan gynnwys Iwan, ar hyd y milltiroedd sy'n 'rhuban brith o hanesion'. *Thank you for calling.*

Gareth Roberts

Garej Lôn Glan Môr

Mae garej Lôn Glan Môr
yn agored trwy'r nos bob nos:
llain o olau melyn rhwng Clwb Crosville
a maes parcio gwag y Drive-in Takeaway,
a'r môr gerllaw yn gwrando.

Mae'n rhyfedd fel y mae noson fel heno,
noson lasach na denim,
yn ein galw ni yno.

Os wyt ti'n cyrraedd yn ôl ym Mangor
rywbryd yn yr oriau mân
pan fo goleuadau'r arfordir
yn pefrio yn y pellter fel mwclis,
a milltiroedd di-ri y tu ôl ichdi
yn rhuban brith o hanesion,
dos i lawr i garej Lôn Glan Môr.

Cei brynu petrol a fferins yno,
cei sgwrs wrth y cownter efo Geraint
fydd yn darllen nofel,
yn hanner gwrando ar Atlantic 252
yn mesur ei oriau fesul paneidiau.

A phwy yw'r rhain sydd yn dyfod
i fyny o'r anialwch?
dau neu dri mewn siacedi lledr
i brynu Mars Bar a Pepsi wrth gerdded adre;
ambell rwdlyn yn ei ddiod;
ambell gar —
rhyw boblach 'fath â chdi a fi
briwsion a gollwyd gan neithiwr
ac a 'sgubir o'r stryd gan y wawr.

Ble'r ei di, felly, o fa'ma?
Have you checked your oil?
gwranda am eiliad, cyn camu'n ôl at y car,
ar yr awel fwyn o'r Garth
yn siglo'r arwydd gwichlyd.
papurach yn sibrwd wrth droed yn bin 'sbwriel.
hymian trydanol y pympiau petrol,
a chlep hwylbrennau a'u rhaffau
ar Dickie's Boatyard:

Dyma'r nos yn siarad,
yn dy annog i symud ymlaen
a dilyn ffyrdd eraill,
ac yn addo gwireddu rhyw hen ddyhead
sy'n dal i ddwyn dy gwsg.

Dyma'r nos yn galw

ar y rhai sydd rhywsut yn fythol symudol,

wedi'u treulio'n denau gan y ffyrdd

ond yn dal i fynd

yn dal i wrando ar y llais,

Open 24 hours.

Fel garej Lôn Glan Môr.

Thank You For Calling.

Steve Eaves

Dylan Cernyw

'Mi Gerddaf gyda Thi ...'
(Anhysbys)

Rydw i wedi clywed y gerdd hon sawl
gwaith mewn priodasau ac angladdau dros y
blynyddoedd. Un flwyddyn, cafodd ei dewis
fel darn gosod ar gyfer cystadleuaeth Parti
Cerdd Dant yn yr Eisteddfod Genedlaethol
ac felly dyma gael gosodiad a dod â pharti
ynghyd, a dyma pryd y profais y wefr fwyaf
a chael canu'r gerdd. I mi, mae'r geiriau
yn dweud y cwbl am greu perthynas, creu
bywyd gyda phartner ac yna'r uchafbwynt
yn y cwpled olaf:

A phan ddaw'r alwad draw, pwy ŵyr pa awr,
Mi gerddaf gyda thi i'r freuddwyd fawr.

Rwy'n gwybod i sicrwydd mai hon fyddai
fy newis personol i ar gyfer pa wasanaeth
bynnag fydd yn dod i'm rhan i gyntaf.

Dylan Cernyw

Mi Gerddaf Gyda Thi

Mi gerddaf gyda thi dros lwybrau maith,

A blodau, cân a breuddwyd ar ein taith;

I'th lygaid syllaf i a dal dy law;

Mi gerddaf gyda thi, beth bynnag ddaw.

Mi gerddaf gyda thi pan fydd y lloer

Fel llusern yn y nen ar noson oer.

Addawaf i ti 'nghalon i yn llwyr;

Mi gerddaf gyda thi drwy'r oriau hwyr.

Mi gerddaf gyda thi drwy weddill f'oes

Pan fydd yr haul ar fryn, neu'r dyddiau'n groes;

A phan ddaw'r alwad draw, pwy ŵyr pa awr,

Mi gerddaf gyda thi i'r freuddwyd fawr.

Anhysbys

Angharad Mair

'Cywydd Croeso' – Gerallt Lloyd Owen

Nid oes gennyf un hoff gerdd arbennig. I mi, hoff gerdd yw un sy'n cyffwrdd yn emosiynol â rhywun ar adeg benodol, a honno, ar hyn o bryd, yw un o gerddi ysbrydoledig Gerallt Lloyd Owen, sef Cywydd Croeso Eisteddfod Genedlaethol Eryri 2005.

Yn ystod yr haf eleni roedd sgandal comisiwn celf dadleuol Llywodraeth Cymru, 'Cylch Haearn' Castell y Fflint, yn destun siarad a deisebu yn Eisteddfod Genedlaethol Môn. Darn o gelf fyddai wedi nodi ein gorthrwm a'n hatgoffa o'n darostyngiad fel cenedl. Darn o gelf gan gwmni o Lundain gyda geiriau Shakespeare yn ganolog iddo. Wedyn, i daflu halen ar y briw, yn ystod wythnos yr Eisteddfod darlledwyd eitem ar raglen *Newsnight* yn gofyn a oedd ein hiaith o gymorth neu'n rhwystr i ni. Cymaint oedd sarhad y rhaglen honno fel na chafwyd neb oedd yn siarad Cymraeg i siarad dros yr iaith. Do, bu protestio, a chafwyd deiseb arall. Mae'n hawdd codi llais ar faes Eisteddfod. Ond mae'r gerdd rymus hon yn ein hatgoffa nad rhywbeth i wythnos 'Steddfod yn unig yw'r frwydr dros Gymru a'r iaith. Diolch, Gerallt, am angerdd tanbaid y cywydd hwn. Roedd hi'n gerdd oedd yn procio'r cydwybod 'nôl yn 2005, ac erbyn heddiw mae'n fwy perthnasol nag erioed.

Angharad Mair

Cywydd Croeso

Eisteddfod Genedlaethol Eryri 2005

Mae gwledd o groeso heddiw
ond croeso dan amod yw:
croeso bro sy'n mynd am bris,
croeso dan forthwyl creisis.
Wrth yr awr syrth Eryri,
wrth yr awr y'i gwerthir hi.

Ofer yw cynnal prifwyl,
ofer dal i gynnal gŵyl
o gerdd a chyngerdd a chân
tra'r llif yn bwyta'r llwyfan.
Ofer yw rhygnu hefyd
am hil sydd yma o hyd.

Nid un Awst yw ein hystyr;
nid yw bod am ddathliad byr
yn Gymry, Cymry i'r carn,
namyn tafod mewn tafarn.

Byw brwydr bob awr ydyw
brwydr fawr ein bryd ar fyw.

Rhaid i ŵyl ysbrydoli
a thynhau'n gwarchodaeth ni
wrth rwymau'r oesau a aeth
yn Eryri'n harwriaeth.
Hyn yw her ein hamser ni,
hyn yw'r her yn Eryri.

Mae gwledd o groeso heddiw
ond croeso dan amod yw:
amod ein bod, bedwar ban,
yn rhwystro llifo'r llwyfan.
Da chi, dewch, ac wedi'ch dod
ewch ymaith dan eich amod.

Gerallt Lloyd Owen

'Far Rockaway' – Iwan Llwyd

I'r rheini ohonom fu'n treulio'n hieuenctid yng nghwmni Springsteen a 'Born to Run', Scott-Heron a 'Johannesburg', ac yn gwirioni ar weld y gitarydd bas Pino Palladino yn y Casablanca lawr yn Nociau Caerdydd, mae'r gerdd yma'n anthemig. Mae'n dal yr ias yna – dyhead cariadon yn yr Afal Mawr ger y môr sydd ar yr un pryd yn hudol a llygredig, yn ysbrydoliaeth ac yn fygythiad, ac yn dir ffrwythlon i ramantu yn ei gylch.

Enw'r gerdd - dyna sy'n fwyaf arbennig yn ei chylch a'r ffordd mae 'Far Rockaway' yn cael ei ailadrodd, hynny a'r trawiadau epig sy'n perthyn i Rockaway, y penrhyn yn Queens sy'n gwarchod Efrog Newydd rhag y môr. Mi hedfanais i drosto fis Ionawr 'ma wrth fynd i briodas mab i ffrind. Daeth y gerdd yn syth yn ôl i'm meddwl, a gyda hi atgofion chwerw-felys am gariad coleg yn Aber a chreu breuddwydion ffôl ar draeth y dre liw nos. Mae'n gerdd, mae'n gân ac mae'n dangos yr hyder sy' gennym ni yn ein diwylliant i edrych i fyny ac allan a gosod ein stamp ar y byd.

Cyhoeddwyd y gerdd yn wreiddiol yn y gyfrol *Dan Ddylanwad* (Gwasg Taf, 1997). Bu'n gerdd yr wythnos yn y *Guardian* ac mae cyfieithiad Robert Minhinnick ohoni'n wych.

Alun Elidyr

Far Rockaway

Dwi am fynd â thi i Far Rockaway,
Far Rockaway,
mae enw'r lle
yn gitâr yn fy mhen, gôr
o rythmau haf a llanw'r môr:
yn sgwrs cariadon dros goffi cry
ar ôl taith drwy'r nos mew pick-up du,
yn oglau petrol ar ôl glaw,
yn chwili'r lleuad law yn llaw,
yn hela brogaod ar gefnffordd wleb,
yn wefr o fod yn nabod neb:

dwi am fynd â thi i Far Rockaway,
Far Rockaway,
lle mae cwr y ne
yn golchi'i thraed ym mudreddi'r traeth,
ac yn ffeirio hwiangerddi ffraeth,
lle mae enfys y graffiti'n ffin
rhwng y waliadu noeth a'r haul mawr blin,
lle mae'r trac yn teithio'r llwybr cul
rhwng gwên nos Sadwrn a gwg y Sul,
a ninnau'n dau yn rhannu baich
ein cyfrinachau fraich ym mraich:

dwi am fynd â thi i Far Rockaway,

Far Rockaway,

lle mae heddlu'r dre

yn sgwennu cerddi wrth ddisgwyl trên

ac yn sgwrsio efo'u gynnau'n glên,

lle mae'r beirdd ar eu hystolion tal

yn cynganeddu ar bedair wal,

yn yfed wisgi efo gwlith,

yn chwarae gwyddbwyll â'u llaw chwith,

mae cusan hir yn enw'r lle —

Far Rockaway, Far Rockaway.

Iwan Llwyd

Owen Powell

'Yr Eiliad' – Waldo

Moment mewn amser, un atom fechan mewn bydysawd, yw testun un o gerddi mwyaf cryno Waldo Williams. Mae yna fanylder perffaith yma, fel deigryn o baent yn cwympo ar gynfas wag. Beth sydd ar ôl wedi i'r sêr ddiflannu? Gwacter. Ond beth sy'n weddill heb wacter? Dyma'r teimlad wrth ddarllen 'Yr Eiliad'. Sut gall rhywbeth mor fach ag eiliad mewn amser fod mor gymhleth?

Cyffwrdd â'r goruwchnaturiol mae Waldo yma, yn dyst 'I bethau ni welodd llygad / Ac ni chlywodd clust'. Mae'r harddwch yn symlrwydd y geiriau. A'r pherffeithrwydd yn symlrwydd y syniad. Ges i gopi o argraffiad cyntaf *Dail Pren* yn anrheg ben-blwydd gan Betsan fy ngwraig ryw flwyddyn, ac mae geiriau'r gerdd yma wedi cydio yndda i ers hynny.

Owen Powell

Yr Eiliad

Nid oes sôn am yr Eiliad
Yn llyfr un ysgolhaig.
Peidia'r afon â rhedeg
A gwaedda'r graig
Ei bod hi'n dyst
I bethau ni welodd llygad
Ac ni chlywodd clust.

Awel rhwng yr awelon
Haul o'r tu hwnt i'r haul,
Rhyfeddod y gwir gynefin
Heb dro, heb draul
Yn cipio'r llawr —
Gwyddom gan ddyfod yr Eiliad
Ein geni i'r Awr.

Waldo

Elin Manahan Thomas

'Stafell Gynddylan' (detholiad), Canu Heledd

Tra ro'n i'n astudio gwaith Taliesin ac Aneirin ar gyfer fy Lefel A Cymraeg, fe ddes i ar draws Ganu Heledd. Dyma, mewn gwirionedd, hoeliodd fy sylw a chynnau tân ynof i am lenyddiaeth gynnar Cymru, ac a'm harweiniodd at fy nghwrs Astudiaethau Celtaidd (ac Eingl-Sacsoneg a Norseg) ym Mhrifysgol Caergrawnt. Mae'r gerdd yn fy syfrdanu hyd heddiw. Mae'r englynion grymus yma yn dyst i'r canrifoedd o ddraddodiad llafar gan y Cymry cynnar, ac yn cofio pennod yn hanes y Celtiaid pan ddinistriwyd byddin Cynddylan gan yr Eingl-Sacsoniaid yn y seithfed ganrif. Rhyw ddau gan mlynedd yn ddiweddarach y cofnodwyd y penillion, ond does dim amau mai marwnad yw hon a adroddwyd ac a ddatblygwyd ar lafar yn y cyfamser. Chwaer Cynddylan yw Heledd, ac mae ei geiriau yn waedd o'r galon, yn gri o golled ac unigrwydd. Trwy bob llinell cawn brofi gwacter ei sefyllfa, a thywyllwch llwyr ei byd. Mae ailadrodd y llinell gyntaf yn ymdebygu i gamau trwm – tuag at y bedd, falle, neu hyd a lled y neuadd wag. Rwy'n troi at Ganu Heledd yn gyson pan fydda i am gael f'atgoffa o hynodrwydd llên gynnar ein cenedl. Cyfansoddwyd yr englynion yma dros fil o flynyddoedd yn ôl, ond maen nhw'r un mor bwerus heddiw.

Elin Manahan Thomas

Stafell Gynddylan

(detholiad o 'Canu Heledd')

Stafell Gynddylan ys tywyll heno,

Heb dân, heb wely;

Wylaf wers, tawaf wedy.

Stafell Gynddylan ys tywyll heno,

Heb dân, heb gannwyll;

Namyn Duw, pwy a'm dyry pwyll?

~

Stafell Gynddylan, neud athwyd heb wedd,

Mae ym medd dy ysgwyd:

Hyd tra fu, ni bu dollglwyd.

~

Stafell Gynddylan, ys tywyll heno,
Heb dân, heb gerddau;
Dygystudd deurydd dagrau.

~

Stafell Gynddylan a'm gwân ei gweled,
Heb döed, heb dân:
Marw fy nglyw; byw fy hunan.

~

Stafell Gynddylan, a'm erwan bob awr,
Gwedi mawr ymgyfyrddan
A welais ar dy bentan.

'Cân Herod' – T. Glynne Davies

Mae llawer o 'nghaneuon yn osodiadau o gerddi gan fy nhad, y Prifardd T. Glynne Davies. Bûm yn edmygydd mawr o'i farddoniaeth ers ymhell cyn i mi ddechrau cyfansoddi, a dewisais 'Cân Herod' am sawl rheswm. Y prif un, yn bendifaddau, ydy rhybudd arswydus y clo, ond mae 'na reswm mwy personol hefyd: roeddwn i'n hogyn yn fy arddegau yn y 1960au, ac mae gen i atgofion clir o 'Nhad yn creu (ac yn dangos i mi) y cerddi a fyddai'n ymddangos maes o law yn y gyfrol *Hedydd yn yr Haul*. O achos hynny, medraf rannu ambell bwt o wybodaeth ynghylch y gerdd rymus hon.

Ymddangosodd yn wreiddiol mewn drama radio o'r enw *Tachwedd o Fyd*, gafodd ei hysgrifennu yn anterth y Rhyfel Oer ac sy'n ymwneud â'r ofnau byd-eang am ddinistr niwclear (ynddi hefyd mae cymeriad sy'n seiliedig ar Dafydd Iwan o gyfnod *Y Dydd* HTV yn canu'r gerdd 'Er gwaetha'r byd, mae hi'n hen, hen stori ...'). Yn y ddrama wreiddiol mae yna linell ychwanegol ar ddiwedd 'Cân Herod', sef 'Nid rhyw ysbryd Ysgol Sul tragwyddol'. Cofiaf fy nhad yn ei hepgor o'i gyfrol; drwy hynny crëodd ddiweddglo cwbl iasol i gerdd sy'n dal i'm gwefreiddio.

Gareth Glyn

52

Cân Herod

A phwy yn y byd fyddai'n dewis bod yn frenin?
Mi dd'weda' i wrthych chi: pawb,

Mae pawb am fod yn frenin. Ystyriwch fi.
Lladdais fabanod yn fy ymchwil am Hwn:

Jiwbois bach gwallt cyrliog yn glafoerian
Ar hyd eu ffrociau, ac yn sugno'u dymis,

Do'n Tad. A wnes i hynny o ran hwyl?
A fedrwn wynebu hyd yn oed un pâr o'r llygaid

Hynny eto, hyd yn oed yn fy mreuddwydion?
Na fedrwn, debyg iawn! Ond ystyriwch hyn:

Gallai unrhyw un o'r diawliaid bach drygionus
Gymryd fy nghoron a'i defnyddio'n boti.

Ac y mae babanod mor annwyl! Debyg iawn mi gytunaf.
Ond 'dydyn nhw ddim yn aros yn fabanod am byth.

Y Jiwbois bach hynny, yn sipian eu bodiau;
O fewn dim, wel gallai unrhyw un ohonyn nhw

Gymryd cleddyf a'i wthio trwy fy mherfedd
Jest i fod yn Herod ei hunan —

Ac efallai yn un llawer gwaeth na fi.
O leiaf, bobl annwyl, cyflawnais y weithred yn lân,

Gofalu nad oedd anadl yn yr un cyn troi at y nesa.
Ac, wrth reswm, yr oedd y Baban Hwn!

Sut y gwyddwn i, pan ddywedodd fy nghynghorwyr sandalog
Ei fod wedi cyrraedd, sut y gwyddwn i

Na chymerai sweip ataf fi? Oblegid
Yr oedd y *grym* gennyf i — ac os na wyddoch

Beth yw ystyr grym; ystyr grym yw dychryn.
Ystyriwch y tipyn grym sydd gennych chwi:

Yr unig rym sydd gennych chwi yw rheolaeth
Ar wraig fach ddiniwed neu ar gwpwl o deipars oeliog

Mewn swyddfa sy'n drwch o lwch, a gwyddoch
Fel y gall y grym hwnnw eich dychryn,

Eich dychryn yn gandryll o'ch co.
Bwriwch bod y grym eithafol gennych gyfeillion!

Y grym a oedd gennyf fi yng ngwlad Canaan,
Ac yn Lidice ac yn Budapest a Buchenwald.

Yr amgylchiadau, gyfeillion, sy'n rheoli'ch gweithredoedd.

T. Glynne Davies

Nic Parry

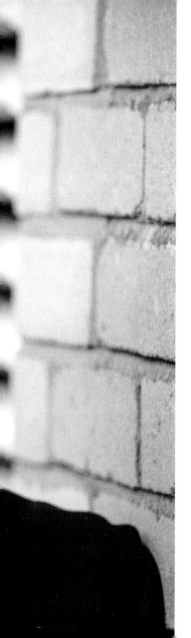

'Angel gwarcheidiol' – Mererid Hopwood

Mae'r cerddi sy'n cyffwrdd wedi cyfoethogi fy mywyd droeon. Ond, pe bai raid dewis un llyfr yn unig yn gwmni ar ynys bellenig, cyfrol *Nes Draw* gan Mererid Hopwood fyddai'r dewis heb os. Yn y dyddiau dryslyd sydd ohoni mae angen cerddi fel y rhain, cerddi sy'n adnabod ing a gorfoledd, sy'n ein galluogi i brofi'r rhyddhad a'r cysur ddaw o allu wylo'n dawel o'u darllen, boed hi'n canu am gariad tyner neu brofedigaeth ddirdynnol. Ac ohonynt oll, pan fo'r ysbryd yn isel a'r byd 'ma'n ymddangos yn ddu, fe drof at 'Angel gwarcheidiol' i gael fy nyrchafu unwaith yn rhagor.

Nic Parry

Angel gwarcheidiol

Daw f'angel yn dawelach
na phelydre'r bore bach,
daw â'i wên i liwio'r dydd,
daw â'i enw'n adenydd,
yn fy mhenbleth a'm methu
daw â'i wawr i'r oriau du.

Ni ŵyr am glogyn arian
na chwaith am liaws a chân,
nac am garegl nac eglwys,
na dŵr byw, 'mond bod ar bwys,
a phan rwy'n drist, daw'n ddistaw —
mae ei lais fel balm ei law.

Y mae'n rhoi fy nghamau'n rhydd
i'm hannog heibio i'r mynydd,
a rhoi dawns i gario'r daith —
alaw i'm hyder eilwaith,
dala 'nôl a'm dilyn i
wna wedyn i'm cysgodi.

Mae f'angel yn dawelach
na phelydre'r bore bach,
yma mae, drwy fy mywyd,
yn y galon hon o hyd,
a'i law saff yn llwyr lesâd,
yn ei chweirio â chariad.

Mererid Hopwood

Gerallt Pennant

'Llyn y Gadair' – T. H. Parry-Williams

O sêt gefn y Morris Traveller, car y teulu ym mlynyddoedd fy mhlentyndod, y deuthum i wybod am Lyn y Gadair; y 'darn o lyn' yng nghysgod y Garn yn nhueddau Rhyd-ddu a Drws-y-coed. Wyddwn i ddim yn iawn beth oedd ystyr 'teithiwr talog' bryd hynny. Er hynny, gwyddwn y byddai fy rhieni, Tom ac Eira, yn siŵr o sôn amdano wrth deithio'r lôn bost sydd yn mynd heibio i odre gorllewinol yr Wyddfa. Ymhen 'swrn o flynyddoedd', cefais 'dwymyn o ailymserchu' yn ei fasddwr, a hynny wrth gerdded y llwybr serth o gopa'r Garn efo Dwynwen, fy ngwraig. Ydy, mae'r dewin a'i 'ddieflig hud' yn dal i swyno'r teithiwr sy'n fodlon oedi a syllu ar harddwch cynnil Llyn y Gadair.

Gerallt Pennant

Llyn y Gadair

Ni wêl y teithiwr talog mono bron
  Wrth edrych dros ei fasddwr ar y wlad.
Mae mwy o harddwch ym mynyddoedd hon
  Nag mewn rhyw ddarn o lyn, heb ddim ond bad
Pysgotwr unig, sydd yn chwipio'r dŵr
  A rhwyfo plwc yn awr ac yn y man,
Fel adyn ar gyfeiliorn, neu fel gŵr
  Ar ddyfroedd hunlle'n methu cyrraedd glan.
Ond mae rhyw ddewin â dieflig hud
  Yn gwneuthur gweld ei wyneb i mi'n nef,
Er nad oes dim gogoniant yn ei bryd,
  Na godidowgrwydd ar ei lannau ef —
Dim byd ond mawnog a'i boncyffion brau,
Dau glogwyn, a dwy chwarel wedi cau.

T. H. Parry-Williams

Osian Llyr Williams

Dau Gariad Ail-law – Steve Eaves

Yn anffodus, dydw i erioed wedi bod yn un am ddarllen. Boed yn nofel neu'n farddoniaeth, dwi wastad yn colli 'mynedd hefo'r geiriau a'r ffaith 'mod i'n gorfod eistedd i lawr yn llonydd i'w gwerthfawrogi. Ond munud mae 'na gerddoriaeth hefo'r geiriau, mae popeth yn newid. Mae o fel tasa'r geiriau yn neidio allan ac yn gwneud mwy o synnwyr i mi, yn enwedig os ydi'r alaw yn cyd-fynd yn effeithiol.

Felly dwi wedi dewis 'Dau Gariad Ail-law' gan Steve Eaves am yr union reswm hwnnw. Mae hi'n gân mor syml a thrist mewn un ffordd, ac mae'r darlun o'r ddau gariad mor glir i'r gynulleidfa. Mae'r gerddoriaeth a'r farddoniaeth yn cyd-symud yn anhygoel o dda; taswn i wedi sgwennu'r cwpled 'Tyrd i ddawnsio hefo rhywun ddoth yma trwy'r baw / Awn ni o'ma hefo'n gilydd, dau gariad ail-law' mi faswn i'n gallu marw'n hapus.

Osian Huw Williams

65

Dau Gariad Ail-law

Angyles flinedig, chydig bach yn flêr
Yn sibrwd i mi'n dyner, 'dan ni'n eistedd wrth y bar.

Rwyt ti'n meddwl 'mod i'n feddal, ond wir yr tydw i ddim,
Er bo' rhai'n gweld gwenoliaid yn y ddau lygad hyn.

Dwi 'di gorfod caledu drwy fyw yn y byd,
Yn y diwedd 'nes i redeg, a dwi'n rhedeg o hyd.

Rhoddais i sws i'r glöyn byw — tatŵ ar ei hysgwydd,
A'i dal hi yn dynn cyn agor fy ngheg fawr:

Tyrd i ddawnsio hefo rhywun ddoth yma trwy'r baw

Awn ni o 'ma hefo'n gilydd, dau gariad ail-law.

Sgen i ddim geiriau alla' fendio 'run graith,

Tydw i ddim fawr o arwr, fawr o fargen i ti chwaith.

Gen i bedwar can o lager ar set gefn y car

A goleuadau Bangor yn dawnsio yn y dŵr.

Steve Eaves

Jon Gower

'Dangosaf iti Lendid' – Dafydd Rowlands

Hawdd dychmygu enwau lleoedd yng Nghymru fel un gerdd hir, rhubanau
o eiriau i ddisgrifio a lleoli pob crib a cheunant, pob llethr gwyllt a math o afon,
o nentig fywiog i aber llydan. Yn 'Dangosaf iti Lendid' mae'r cyn-archdderwydd a'r
dramodydd teledu, Dafydd Rowlands, yn rhestru enwau'r lleoedd sy'n bwysig iddo,
megis coed dihafal John Bifan a llethrau'r Barli Bach, Mynydd y Gwryd a fferm
Cefen Llan. Gwelwn hefyd bod y dyn yn y gerdd – cawn ni alw fe'n fardd – yn dangos
gogoneddau'r fro i'w fab. Gorchmynna'r crwt i edrych ar y brogaod a'r blodau, i weld
y byd o'i gwmpas a'i garu a'i werthfawrogi.

Flynyddoedd yn ôl, ces gyfle i gydweithio â'r grŵp Fernhill, yn darllen barddoniaeth
i gyfeiliant eu hofferynnau. Hon oedd y gerdd a ddewisais, oherwydd symlder y
dweud a'r cariad at fro sy'n llifo drwyddi, fel afon Tawe, fel miwsig cynhenid y tir.
Ond hefyd oherwydd effaith y pennill olaf, y glesni a'r glendid sydd yn llygaid y fam.
Sioc o liw tyner. Dyma gerdd ble mae tad yn trosglwyddo pethau – hanes, enwau,
gwybodaeth a gwerthoedd. Rhestr, ie, ond emyn hefyd, emyn o fawl i fro mebyd, lle
mae'r mwyar yn tyfu'n lleng. I mi, anodd yw ei darllen heb golli deigryn.

Jon Gower

Dangosaf iti Lendid

Dere, fy mab,
I weld rhesymau dy genhedlu,
a deall paham y digwyddaist.
Dangosaf iti lendid yr anadl sydd ynot,
dangosaf iti'r byd
sy'n erwau drud rhwng dy draed.

Dere, fy mab,
dangosaf iti'r defaid
sy'n cadw, mewn cusanau, y Gwryd yn gymen,
y fuwch a'r llo yng Nghefen Llan,
bysedd-y-cŵn a chlychau'r gog,
a llaeth-y-gaseg ar glawdd yn Rhyd-y-fro;

dangosaf iti sut mae llunio'n gain
chwibanogl o frigau'r sycamorwydden mawr
yng nghoed dihafal John Bifan,
chwilio nythod ar lethrau'r Barli Bach,
a nofion'n noeth yn yr afon;

dangosaf iti'r perthi tew

ar bwys ffarm Ifan a'r ficerdy llwyd,

lle mae'r mwyar yn lleng

a chnau y gastanwydden yn llonydd ar y llawr;

dangosaf iti'r llusi'n drwch

ar dwmpathau mân y mwsog ar y mynydd;

dangosaf iti'r broga

yn lleithder y gwyll,

ac olion y gwaith dan y gwair;

dangosaf iti'r tŷ lle ganed Gwenallt.

Dere, fy mab,

    yn llaw dy dad,

    a dangosaf iti'r glendid

    sydd yn llygaid glas dy fam.

Dafydd Rowlands

Gwilym Hallam

'Y Gân Gyntaf' – Bobi Jones

Yn ddyn ifanc y darllenais i'r gerdd 'Y Gân Gyntaf' gan Bobi Jones am y tro cyntaf, ac mae wedi gwrthod gollwng gafael ers hynny. Hi yw'r gerdd gyntaf yn ei gyfrol gyntaf un, ac mae'n dal ysbryd ei farddoni i'r dim. Mae'n 'ifanc', yn llachar, yn heriol, yn ogleisiol – yn foliant o beth yw bardd ac o rym creadigol iaith. Ac mae hi hefyd yn dal ysbryd y dyn ei hun.

Oes yna fardd Cymraeg arall sydd wedi bod yn fwy cynhyrchiol na Bobi Jones? Mae ei waith yn rhyfeddol o egnïol a'i ddychymyg heb drai na llanw. Nid dim ond credu'n angerddol fod creadigrwydd yn codi ofn ar farwolaeth y mae ond profi hynny! Sut gall Angau ddad-wneud a thawelu'r fath ganu llachar? Yn ôl ym 1957 y cyhoeddwyd 'Y Gân Gyntaf' am y tro cyntaf ond mae'r darlun o Angau'n crynu yn y fynwent mor fodern ac ifanc ag erioed. Flynyddoedd cyn i'r nofelydd Terry Pratchett ddychanu a darlunio Angau mor gofiadwy, dyma Bobi Jones yn gwneud hynny mewn cerdd.

Nid dyma ei gerdd 'fwyaf' yn nhyb yr arbenigwyr, mae'n siŵr. Nid dyma ei gerdd hiraf yn bendant! ('Hunllef Arthur', cerdd 21,743 llinell, yw honno!) Ac efallai nad yw hon ymhlith ei gerddi mwyaf soniarus. Mae yna fersiwn mwy diweddar gan y bardd a gyhoeddwyd yn *Casgliad o Gerddi Bobi Jones* (Cyhoeddiadau Barddas, 1989) sy'n awgrymu, trwy rai newidiadau, ei fod am ei gwneud yn fwy soniarus – gwneud iddi ganu o ran sain yn ogystal ag o ran ei syniadau.

Ond mae hon, wrth gwrs, yn canu! Yn ddewr ac yn ddisglair, mae am ganu i mi fel y canodd o'r cychwyn, gan ddeffro a gwthio'r gwaed. Diolch, Bobi Jones, am fod yn ifanc o hyd, ac am fod yn fardd yn fwy na dim arall.

Gwion Hallam

Y Gân Gyntaf

Angau, 'rwyt ti'n fy ofni i
    Am fy mod yn ifanc
Am fod fy ngwaed yn telori wrth wthio 'ngwythiennau.
Cryni yn y fynwent, heb hyder
I ddagos i mi dy wyneb.

Angau, 'rwyt ti'n fy ofni i
    Am fy mod yn fardd
Am fod gwewyr fy ngwaed yn deall
Dy dywarchen di: ni ddeui ataf,
A phetrusi dan gysgod y gornel.

Angau, nac ofna!
  Ni wnaf ddim i ti
Am dy fod di'n hardd ac yn fach,
Fel deigryn ar fin môr,
Môr Cymreig fy enaid sydd heb drai na llanw.

Bobi Jones

Elin Jones

'Y Tŷ Hwn' – Ifor ap Glyn

Mae gwleidyddiaeth wedi ei phlethu i mewn i fy hoff ddarn o farddoniaeth, oherwydd cerdd gomisiwn gan y Cynulliad Cenedlaethol ar achlysur agor y Pumed Cynulliad yw fy newis i. Gallwn yn hawdd fod wedi dewis cerddi am ryddid cenedl ac achub iaith. Mae yna gerddi rif y gwlith ar y testunau yma – rhai o gerddi mawr ein cenedl. Mewn cymhariaeth, prin yw'r cerddi ôl-ddatganoli sy'n trafod ein democratiaeth newydd genedlaethol. Dyna pam mae'r gerdd yma gan Ifor ap Glyn yn dweud cymaint wrtha' i – am yr 'angerdd' a'r 'pwyll' sydd eu hangen yn ein trafod, ac mae'n fy atgoffa nad oedd raid wrth fwledi a thrais i sefydlu ein hunanlywodraeth, 'dim ond cwmwl tystion wrth ein cefn'. Dyletswydd gwleidyddion heddiw yw anrhydeddu y cwmwl tystion hwnnw a pharhau â'r gwaith o adeiladu gwlad a chenedl.

Elin Jones

76

Y Tŷ Hwn

'If we want Wales, we will have to make Wales' — Gwyn Alf Williams

Daeth gwanwyn yn hwyr i'n gwlad;
y gaea wedi cloi ein huchelgais
a gwydro ein dyheadau,
cyn y dadmer mawr,
a barodd i'r gwteri garglo
a'r landeri garlamu.

Boed felly, haul, ar y tŷ hwn heddiw;
dyma bair ein dadeni; a llwyfan i'n llais;
lle canwn ein gweledigaeth i fodolaeth ...
A down yma o sawl cwmwd, megis cynt —
wrth droedio'r llwybr dreiniog cul
sydd â gwlan fel trimins Dolig ar ei hyd;
neu wrth heidio lawr y lôn wleb
sy'n ddrych i sglein yr awyr —
down yma, i gyffwrdd â'r gorwel
a'i blygu at iws gwlad.

Ac wrth ddynesu
o'n cymoedd a'n mynyddoedd
at ein dinas barhaus,
diolchwn nad oes tyllau bwledi
ym mhileri'r tŷ hwn,
dim ond cwmwl tystion wrth ein cefn
ym mhob plwraliaeth barn.

Ac wrth gael ein tywys
i gynteddau'r tŷ,
boed angerdd i'n trafod
a phwyll ymhob cymod;
boed i anodd ddod yn syml,
a'r heriol ddod yn hwyl;
a boed i ni gofio'r wireb hon beunydd:
'cynt y cyferfydd dau ddyn
na dau fynydd'.

Ifor ap Glyn

Iolo Williams

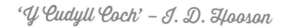

'Y Cudyll Coch' – J. D. Hooson

Y cudyll coch oedd hoff aderyn fy arwr mawr, sef Dad. Dwi'n cofio cerdded i fyny bryn o'r enw Pen Boncyn pan oeddwn i'n gòg ifanc yn tyfu i fyny ym mhentref Llanwddyn. Yno, roeddwn i'n gorwedd ar fy nghefn yn y rhedyn ac edrych ar y cudyll coch yn hela trwy hen sbienddrych.

Roeddwn i'n gwylio'n gegagored wrth i gorff, adenydd a chynffon yr aderyn symud yn ddi-baid yn y gwynt er mwyn cadw'r pen a'r llygad craff yn hollol stond. Yna, mewn camau bach, byddai'n disgyn tuag at y ddaear cyn hyrddio'i hun i mewn i'r tyfiant ar ôl ei brae gyda'r crafangau angheuol, melyn yn arwain.

Mae'r ddwy linell gyntaf:

> Daeth cysgod sydyn dros y waun,
> A chri a chyffro lle'r oedd cerdd

gyda'r rhai gorau yn yr iaith Gymraeg ac yn mynd â fi 'nôl i 'mhlentyndod i gael fy swyno unwaith eto gan aderyn arbennig yng nghwmni Dad.

Iolo Williams

Y Cudyll Coch

Daeth cysgod sydyn dros y waun,
    A chri a chyffro lle'r oedd cerdd
A chwiban gwyllt aderyn du
    A thrydar ofnus llinos werdd,
Ac uwch fy mhen ddwy adain hir
Yn hongian yn yr awyr glir.

Fe safai'r perthi ar ddi-hun
    A chlywid sŵn ffwdanus lu
Yn ffoi am noddfa tua'r llwyn
    Mewn arswyd rhag y gwyliwr du;
Ac yntau fry yn deor gwae,
A chysgod angau dros y cae.

A minnau yno'n syllu'n syn,

  Ar amrant — yr adenydd hir

Dry dan fy nhrem yn flaenllym saeth,

  A honno'n disgyn ar y tir;

Ac yna un, a'i wich yn groch,

Yng nghrafanc ddur y cudyll coch.

I. D. Hooson

Alwyn Humphreys

'Llanddyfnan' – Percy Hughes

Mae'r gerdd yma'n codi ias yndda' i oherwydd fy mod i'n teimlo'n fyw iawn yn awyrgylch mynwent Eglwys Llanddyfnan ar Ynys Môn. Myfyrdod ar freuder bywyd sydd yma, ond dydi hynny ddim yn ei amlygu ei hun tan ddiwedd y pennill olaf, lle mae'r ymweliad yn troi o fod yn ddisgrifiad ffeithiol, ond teimladwy, i fynegi'r sylweddoliad bod marwolaeth yn anorfod. Gogoniant y gerdd i mi ydi'r cyswllt geiriau celfydd sy'n creu math o gerddoriaeth ar lafar: 'yng ngwrid y gro', 'plygu eu pen i'r llwch', 'ar adain yr awel', ac yn enwedig 'iasoer dyndir eu hedd'.

Roedd Percy Hughes (1898–1962), bardd gwlad a aned ym mhentref Talwrn ym Môn, yn enwog am gerddi poblogaidd fel ''Run Rhai' a 'Pen Tymor'. Mae 'Stori 'Mrawd' hefyd yn un o'i oreuon, ac yn enghraifft ardderchog o'i ddawn i adrodd hanesyn difyr. Fodd bynnag, mae hanes troeon bywyd y bardd ei hun hyd yn oed yn fwy rhyfeddol. Cafodd ei gyhuddo o ddianc o'r fyddin pan oedd yn aelod o'r Magnelwyr Maes Brenhinol, neu'r Royal Field Artillery, yn ystod y Rhyfel Byd Cyntaf, a daeth sgandal arall i'r amlwg pan oedd yn weinidog yn Amlwch yn nauddegau'r ganrif ddiwethaf, pan gafodd ei ddedfrydu'n euog o ddwyn arian o gronfa'r capel a chael ei garcharu yn Walton.

Wrth ddarllen 'Llanddyfnan' mi alla' i ddychmygu Percy Hughes yn cerdded ymysg y cerrig beddi ac yn ystyried hynt a helynt ei fywyd. Heb amheuaeth, roedd o'n gymeriad cymhleth, ond i mi mae'n fardd sy'n ysbrydoli ac yn gwefreiddio, ac mae prif gwpled y gerdd yn ysgubol:

> Neb ym mynwent Llanddyfnan,
> a mynwent Llanddyfnan yn llawn.

Alwyn Humphreys

Llanddyfnan

Roedd haf ar weirgloddiau Pentraeth,
 A'r deffro yng ngwrid y fro,
Pan glywais felodi hiraeth
 Yn galw o'r tawel ro.
Yno am awr fy hunan
 Yn nwfn ddistawrwydd prynhawn, —
Neb ym mynwent Llanddyfnan,
 A mynwent Llanddyfnan yn llawn.

Hen enwau'n llwyr wedi gwisgo,
 Glaswellt a chwyn yn drwch,
Hen gerrig mwsoglyd ar osgo
 Yn plygu eu pen i'r llwch.
Neb i ddweud gair o gysur,
 A'r cannoedd mewn daear laith
A fuont fel minnau'n rhy brysur
 I feddwl am ben y daith.

Tremiais drwy gornel wydr
  Ar allor y sanctaidd fan,
Cyrchodd atgof o'u crwydr
  Gynulliad o deulu'r Llan.
Distawrwydd y pnawn yn rhoddi'r
  Gorffennol yn ddarlun byw,
Lleisiau'r Foreol Weddi,
  Salmau yr Arglwydd Dduw.

Caeais y glwyd a'u gadael
  Y iasoer dyndir eu hedd,
A Llais ar adain yr awel
  Yn cerdded o fedd i fedd,
'Henaint ni ddaw ei hunan',
  A'i sisial drwy fwynder prynhawn, —
Neb ym mynwent Llanddyfnan,
  A mynwent Llanddyfnan yn llawn.

Percy Hughes

'Cyfarch y Llinos (I blant fy mro)'
– Eifion Wyn

Os holwch chi unrhyw gyn-ddisgybl o Ysgol Eifion Wyn, Porthmadog am atgofion o'r ysgol, beryg y bydd dipyn go lew yn cofio'r semolina anhygoel amser cinio, y llwynog wedi'i stwffio yn y cyntedd, a'r prifathro, Mr Parry, yn bloeddio 'Gwae chi!' ar unrhyw un oedd yn cambyhafio.

Un peth mae pawb yn siŵr o'i gofio ydi canu anthem yr ysgol wrth ddychwelyd o wersi nofio ym mhwll nofio Harlech: 40 o blant wedi eu socian mewn clorin yn bloeddio, 'O! Porthmadog i mi, O! Porthmadog i mi, / Lle mae'r alarch yn nofio ar lyn, / A chanu sydd raid a hynny'n ddi-baid, / Fel y llinos yng nghân Eifion Wyn'.

Ar y pryd, doedd gen i ddim syniad pwy oedd Llinos na pham roedd hi'n canu am elyrch! Flynyddoedd yn ddiweddarach, ac wedi dallt mai aderyn oedd 'llinos', cefais hyd i gyfrol Eifion Wyn, *Telynegion Maes a Môr*, mewn siop elusen. Darllenais y gerdd yn ei chyfanrwydd am y tro cyntaf ac yn syth mi ges fy nhaflu 'nôl i 'mhlentyndod, ac at amser pan fyddai fy arwres, Nain, yn mynd â fi am dro ger y Morfa Mawr ac yn adrodd hen hanesion am fy nhaid a thref Porthmadog. Dwi'm yn meddwl bod cerdd Eifion Wyn yn un gymhleth, nac yn gerdd 'epig', ond dwi'n ei thrysori am ei bod yn beiriant amser personol yn ôl i un o adegau gorau fy mywyd i.

Dyl Mei

Cyfarch y Llinos (I blant fy mro)

Canai llinos benddu'r eithin
Neithiwr, ar y Morfa Mawr;
Uwch ei haelwyd fach o fwsog,
Gyda'i Chrëwr yn wrandawr;
Beth mor bêr a chân aderyn,
Pan fo'r haf yn glasu'r byd?
Beth mor bur a serch aderyn,
Pan fo'r Morfa'n aur i gyd?

Ewch, fy mhlant, i wrando'r llinos,
Ond na thorrwch ar ei chân;
Ac na thorrwch galon llinos —
Na rowch dŷ y dlos ar dân:
O, fy mhlant, pe baech yn gwybod
Fel gall llinos garu'i nyth,
Gwn nad aech ag wy ohono,
Gwn na thynnech m'ono byth.

Eifion Wyn

'Etifeddiaeth' – Gerallt Lloyd Owen

Mae'r gerdd hon yn un adnabyddus iawn, wrth gwrs. Mae ei darllen yn fy hatgoffa i o fy nyletswydd fel Cymro i anrhydeddu fy iaith a fy niwylliant, ac i beidio â chymryd y pethau sydd yn bwysig i mi yn ganiataol. Ac y mae hi hefyd yn fy atgoffa mor bwysig yw bod yn driw i fy ngwreiddiau tra'n gwneud fy ngorau i roi gwreiddiau i fy mhlant ar gyfer y genhedlaeth nesaf.

Rydw i'n ei hystyried hi'n fraint i fod yn aelod o'r Orsedd, ac yn ymfalchïo yn fy swydd fel Ceidwad y Cledd, sydd yn rhoi cyfle arbennig i mi fedru dangos fy malchder yn fy Nghymreictod ac yn ein hanes fel cenedl.

I mi, mae'r ddihareb yn y pennill olaf yn gosod sialens, a hoffwn feddwl fy mod i, hyd yn hyn beth bynnag, yn llwyddo i ymateb i'r sialens honno. Mae'r sialens i sefyll yn gadarn dros y pethau sydd yn annwyl i mi yn un ddyddiol, ac rydw i'n bwriadu parhau i wneud hynny yn y ffordd orau bosib.

Robin McBryde

Etifeddiaeth

Cawsom wlad i'w chadw,
darn o dir yn dyst
ein bod wedi mynnu byw.

Cawsom genedl o genhedlaeth
i genhedlaeth ac anadlu
ein hanes ni ein hunain.

A chawsom iaith, er na cheisiem hi,
oherwydd ei hias oedd yn y pridd eisoes
a'i grym anniddig ar y mynyddoedd.

Troesom ein tir yn simneiau tân
a phlannu coed a pheilonau cadarn
lle nad oedd llyn.

Troesom ein cenedl i genhedlu
estroniaid heb ystyr i'w hanes,
gwymon o ddynion heb ddal
tro'r trai.
A throesom iaith yr oesau
yn iaith ein cywilydd ni.

Ystyriwch; a oes dihareb
a ddwed y gwirionedd hwn:
Gwerth cynnydd yw gwarth cenedl,
a'i hedd yw ei hangau hi.

Gerallt Lloyd Owen

Dilwyn Morgan

'Capel Nanhoron' – Cynan

Dyma, mae'n siŵr, un o'r cerddi cyntaf i mi eu dysgu, ac mae hi'n dal efo fi. Ynddi, mae Cynan yn darlunio hen gapel Nanhoron, capel hynaf yr Anghydffurfwyr yng ngogledd Cymru, sy'n dyddio'n ôl i 1770. Cafodd y capel ei godi ar gais Catherine Edwards, Nanhoron, gwraig Timothy Edwards, a oedd ar un adeg yn Gapten y Llynges Frenhinol.

I mi, mae'r gerdd nid yn unig yn llwyddo i ddisgrifio'r adeilad arbennig yma ond mae hi hefyd yn dal awyrgylch a holl hanes y lle, ac yn cyfleu i'r dim y teimlad mae rhywun yn ei gael yma. Mae hi fel taswn i yno bob tro dwi'n ei darllen – mae arogl y llwydni a'r llawr pridd yn fy ffroenau. Mae yna hefyd rhyw dinc o anobaith a theimlad o golled a hiraeth am bethau sydd wedi bod ac wedi mynd.

Erbyn heddiw, a minnau mewn digon o oedran i bryderu mwy am fy iaith a'm gwlad, efallai – dim ond efallai – fod y capel bach gwyngalchog yn symbol o Gymru. Gobeithio ddim.

Dilwyn Morgan

Capel Nanhoron

Y mae capel bach gwyngalchog
    Ym mhellafoedd hen wlad Llŷn.
Dim ond un cwrdd chwarter eto
    Ac fe'i caeir, — dim ond un.
Y mae llwydni ar bob pared,
    Dim ond pridd sydd hyd ei lawr.
Ond bu engyl yn ei gerdded
    Adeg y Diwygiad Mawr.

Ni chei uchel allor gyfrin,
    Na chanhwyllau hir o wêr,
Na thuserau'r arogldarthu
    Yma i greu'r awyrgylch pêr
Sydd yn gymorth i addoli
    Ac i suo'r cnawd a'r byd,
Ac i roddi d'enaid dithau,
    Mewn perlewyg yr un pryd.

Ni chei gymorth yr offeren
 I ddwyn Duw i lawr i'r lle,
Na chyfaredd gweddi Ladin,
 'Miserere Domine'.
Ni chei yma wawr amryliw:
 Dwl yw'r gwydrau megis plwm, —
Dim ond moelni Piwritaniaeth
 Yn ei holl eithafion llwm.

Ond er mwyn 'yr hen bwerau'
 A fu yma'r dyddiau gynt,
Ac er mwyn y saint a brofodd
 Yma rym y Dwyfol Wynt,
Ac er mwyn eu plant wrth ymladd
 Anghrediniaeth, ddydd a ddaw,
Amser, sy'n dadfeilio popeth,
 Yma atal di dy law.

Cynan

Sian Lloyd

'Dau Hanner' – T. H. Parry-Williams

Dwi'n cofio'r tro cyntaf i mi ddarllen y gerdd hon, yn fy stafell wely gartre yng Nghastell Nedd. Ges i fy syfrdanu. Nid yn unig oherwydd y neges, ond hefyd oherwydd y ffordd y cyflëwyd y neges. Mor syml. Mor effeithiol. Mor wir. Er i fardd canol oed ysgrifennu'r geiriau 'nôl ar ddiwedd y 1920au, roedden ni, ferched a bechgyn dwy ar bymtheg mlwydd oed, yn deall i'r dim. Yn deall fod yma sgeptig yn siarad am ddeuoliaeth bywyd ac am amser. Wedi'r cyfan, roedden ni'n gyfarwydd â chaneuon Leonard Cohen a Morrissey.

A nawr fy mod i wedi 'tyfu i fyny', gallaf gadarnhau fod profi ail blentyndod yn dod i fod yn rhan hawdd a hanfodol o hynny! Dyw'r syniad o 'fyned yn iau wrth fyned yn hŷn' ddim yn rhywbeth dieithr, wrth gwrs. Meddyliwch am y ffilm *The Curious Case of Benjamin Button* (2008), gyda Brad Pitt. Un peth sy'n sicr, fe ddeliodd T. H. Parry-Williams gyda'r pwnc gymaint yn well. Fy hoff fardd. Bardd y dawn dweud. O bosib, bardd pwysicaf Cymru.

Sian Lloyd

Dau Hanner

Tybed fy mod i, O Fi fy Hun,

Yn myned yn iau wrth fyned yn hŷn,

A gwanwyn a gwenau a gwibiog hynt

Yn gwahodd fel y gwahoddent gynt.

Na ato Duw! Canys eir trwy'r byd

O'r crud i'r bedd, nid o'r bedd i'r crud.

Ac eto, gwych fyddai geni dyn

Yn hen, a'i iengeiddio wrth fynd yn hŷn;

A'i gladdu'n faban ar ben ei daith,

Â llonder sych yn lle tristwch llaith.

***

Yn wir, yn wir meddaf i chwi,
Fe aned un hanner o'r hyn wyf i

Yn hen, a'r hanner hwnnw y sydd
Yn mynd yn iau ac yn iau bob dydd.

Rhyw hanner ieuenctid a gefais gynt,
A hanner henaint fydd diwedd fy hynt —

Hanner yn hanner, heb ddim yn iawn,
Heb ddim yn ei grynswth na dim yn llawn.

Ac mae'r hanner hen, wrth fyned yn iau,
Heddiw'n ymhoywi a llawenhau;

A gwanwyn a gwenau a gwibiog hynt
Yn gwahodd fel y gwahoddent gynt.

T. H. Parry-Williams

Nigel Owens

'Clychau Cantre'r Gwaelod' – J. J. Williams

Dwi ddim yn un sydd yn mynd mas i brynu llyfrau barddoniaeth, ond pan dwi'n taro ar gerdd dda dwi wrth fy modd yn ei darllen ac yn cael boddhad mawr o wneud hynny. Fe fyddaf wrth fy modd yn gwrando ar *Talwrn y Beirdd* ar y radio, a byddaf yn rhyfeddu at dalent rhai o'n beirdd ni yng Nghymru.

Mae fy newis i o gerdd, sef 'Clychau Cantre'r Gwaelod', yn mynd â fi'n ôl i ddyddiau ysgol. Dwi'n cofio'r cyffro o glywed hen hanesion a chwedlau Cymru a oedd yn tanio fy nychymyg. Roedd hanes Seithenyn yn anghofio cau'r drws ar y môr, a'r 'ddinas dlos' a phawb oedd ynddi yn boddi ac yn diflannu, yn chwedl gyffrous iawn i mi. Mae'r gerdd arbennig yma yn llifo'n rhwydd, a'r geiriau'n disgrifio chwedl y clychau yn syml ond yn grefftus iawn. Byddaf yn meddwl amdani'n aml wrth ddreifio i'r gogledd ar hyd yr arfordir.

Nigel Owens

Clychau Cantre'r Gwaelod

O dan y môr a'i donnau
    Mae llawer dinas dlos
Fu'n gwrando ar y clychau
    Yn canu gyda'r nos;
Trwy ofer esgeulustod
    Y gwyliwr ar y tŵr
Aeth clychau Cantre'r Gwaelod
    O'r golwg dan y dŵr.

Pan fyddo'r môr yn berwi,
    A'r corwynt ar y don,
A'r wylan wen yn methu
    Cael disgyn ar ei bron;
Pan dyr y don ar dywod
    A tharan yn ei stŵr,
Mae clychau Cantre'r Gwaelod
    Yn ddistaw dan y dŵr.

Ond pan fo'r môr heb awel
    A'r don heb ewyn gwyn,
A'r dydd yn marw'n dawel
    Ar ysgwydd bell y bryn,
Mae nodau pêr yn dyfod,
    A gwn yn eithaf siŵr
Fod Clychau Cantre'r Gwaelod
    I'w clywed dan y dŵr.

O! cenwch, glych fy mebyd,
    Ar waelod llaith y lli;
Daw oriau bore bywyd
    Yn sŵn y gân i mi.
Hyd fedd mi gofia' 'r tywod
    Ar lawer nos ddi-stŵr,
A chlychau Cantre'r Gwaelod
    Yn canu dan y dŵr.

J. J. Williams

'Colli Iaith' – Harri Webb

Rydym yn genedl freintiedig iawn o ran barddoniaeth, sy'n gwneud y dasg o ddewis un yn reit anodd. Ond wrth i mi ddechrau hel meddyliau, dwi'n mynd 'nôl i fy arddegau pan glywais i lais peraidd Heather Jones yn canu barddoniaeth Harri Webb, 'Colli Iaith' am y tro cyntaf. Mae'n hollol naturiol i ni yma yng Nghymru blethu barddoniaeth a cherddoriaeth, ond dwi ddim yn meddwl i mi erioed glywed asiad mor berffaith rhwng y ddwy grefft nag ym mherfformiad Heather Jones. I mi, mae'r gerdd yn cynrychioli'r teimlad o fod yn Gymraes, o geisio cynnal parhad rhywbeth sydd yn gynhenid bwysig i mi.

Mae Harri Webb yn llwyddo, rywsut, i gyfleu tristwch ond hefyd i'n hysbrydoli, ac mae'r pennill olaf yn obeithiol ac yn ein hannog ni i frwydro dros ein hiaith a'n hetifeddiaeth. Dwi ddim yn ei hystyried hi'n gerdd ddigalon. Galwad ydi hi – i fy nghenhedlaeth i, ac i minnau – i sicrhau parhad ein diwylliant. Ro'n i'n falch iawn o gael cyfle i recordio fy nehongliad fy hun o'r gân yn 2004. Mae'r gerdd erbyn hyn yn rhan o gwrs TGAU Cymraeg ac mae'n syndod faint o bobl ifanc Cymru sydd wedi deud wrtha' i eu bod nhw'n mwynhau fy fersiwn i ohoni (diolch byth!), ond dwi'n llwyr ymwybodol nad oes curo ar y fersiwn wreiddiol. Byddaf yn gwrando arni'n aml ar deithiau hir ar hyd a lled y wlad ac mae'r geiriau'n cydio o hyd ac yn fy ysbrydoli i fod yn Gymraes well.

Elin Fflur

Colli Iaith

Colli iaith a cholli urddas,
Colli awen, colli barddas;
Colli coron aur cymdeithas
Ac yn eu lle cael bratiaith fas.

Colli'r hen alawon persain,
Colli tannau'r delyn gywrain;
Colli'r corau'n diasbedain
Ac yn eu lle cael clebar brain.

Colli crefydd, colli enaid,
Colli ffydd yr hen wroniaid;
Colli popeth glân a thelaid
Ac yn eu lle cael baw a llaid.

Colli tir a cholli tyddyn,

Colli Elan a Thryweryn;

Colli Claerwen a Llanwddyn

A'r wlad i gyd dan ddŵr llyn.

Cael yn ôl o borth marwolaeth

Gân a ffydd a bri yr heniaith;

Cael yn ôl yr hen dreftadaeth

A Chymru'n dechrau ar ei hymdaith.

Harri Webb

'Y Llyn' – Angharad Jones

Sgwennwyd y gerdd fach hyfryd hon yn dilyn ymweliad gan Angharad Jones â 'nghartre yn Llanerfyl rai misoedd cyn ei marwolaeth. Roedd hi'n wanwyn anarferol o gynnes ac aethom am dro gyda'r plant i Lyn Gynwdden uwchben Cwm Banwy. Dreulion ni amser amhrisiadwy yn y brwyn yng nghôl gysurus natur, ac am gyfnod byr gwthiwyd o'r neilltu holl heriau bywyd a'i ofidiau. Llwyddwyd i gynnau tân a chawsom baned wrth wylio'r hwyaid a'r pysgod a'r ehedydd, yn dathlu a gorfoleddu yng nghynhesrwydd y foment.

Roedd Angharad yn un o'm ffrindiau gorau ers dyddiau coleg. Un annwyl, ffraeth, athrylithgar, gymhleth ... ac eto ddim. Roedd sawl haen yn perthyn i Angharad. Cefais y fraint o gydsgwennu caneuon efo hi drwy'r 1990au – caneuon y bydda i'n fythol falch ohonyn nhw. Nid caneuon arwynebol, ystrydebol, ond caneuon gyda sylwedd a dyfnder. Roedd ei geiriau'n adlewyrchiad o ddyfnder ei henaid hi rywsut – o ddyfnder dyfnion ei hangerdd a'i hangen cynhenid i gwestiynu bywyd. Geiriau oedd yn cyfleu mor anodd mae bywyd yn medru bod i ni feidrolion a pha mor anodd yw hi, weithiau, i gadw'ch pen uwch y dŵr.

'Y Llyn' oedd y gerdd olaf iddi ei sgwennu i mi ac mae'n giplun perffaith o ddedwyddwch cyfrin y diwrnod hwnnw gawson ni yng nghwmni'n gilydd. Diolch amdani.

Sian James

Y Llyn

Daeth golau drwy'r cwmwl
A defaid at y dŵr,
Tair chwaden i gecru
A'r dŵr yn ddi-stŵr.

Cynheuwyd y tân
A llonnodd y pysgod,
Daeth hedydd a'i chân
A gwibio'n y gofod.

Roedd blas ar y bwyd,
Rhin mwg ar y te,
A'r eithin yn clecian
Yn heddwch y lle.

Diamser o bnawn,

Dedwyddwch rhag cur,

A ninnau yn llawn

Llonyddwch y tir.

Mae'r nefoedd a'r ddaear

Mewn cymun fan hyn,

Rwy' adre â'm câr

Yn un â'r man gwyn.

Angharad Jones

'Y Ddôl a Aeth o'r Golwg' – R. Williams Parry

I fachgen bach naw oed, pentra bach digon cyffredin oedd Tal-y-sarn, hefo rhesi o dai, ambell siop, nifer o gapeli a miloedd ar filoedd o lechi mewn tomenni o gwmpas y lle. Gallwn weld Cwm Dulyn a Chwm Silyn o ffenest fy llofft, ac i'r dde, goleuadau mast Nebo yn gwenu arna' i yn y nos. Doedd 'na'm byd arbennig am y lle, ond hwn oedd fy mhentra i.

A dwi'n cofio rhyfeddu wrth sylweddoli fod R. Williams Parry wedi'i eni a'i fagu yno. Doedd y ffaith ei fod o wedi ennill cadair y Genedlaethol yn golygu dim: yr unig steddfod i mi fod ynddi oedd steddfod Nazareth, a rhuban roedd pawb yn ei gael yn fan'no. Ond ro'n i'n caru llyfrau, ac yn gegrwth am ei fod o wedi cyhoeddi dau!

Ar ben hynny, roedd ganddo fo gerdd am Dal-y-sarn, a honno'n cyfeirio'n ôl at hud a lledrith y Mabinogion, ac yn sydyn roedd yna fwy i 'mhentra bach i nag o'n i erioed wedi'i ddychmygu. Falla' fod yna dinc hiraethus wrth iddo sôn am y newid ddaeth yn sgil y diwydiant llechi, ond fy Nhal-y-sarn i oedd o, a finna wedi nofio sawl ha' yn afon Llyfni, a chwarae cuddio yn nhomenni llechi'r Gloddfa Glai. A dwi'n dal isio gwybod mwy am wartheg gwyrthiol Pebin.

Robat Arwyn

Y Ddôl a Aeth o'r Golwg

(Dôl Pebin y Mabinogion)

Yn Nhal-y-sarn ystalwm
  Fe welem Lyfni lân,
A'r ddôl hynafol honno
  A gymell hyn o gân;
Ac megis gwyrth y gwelem
  Ar lan hen afon hud
Y ddôl a ddaliai Pebin
  Yn sblander bore'r byd.

Yn Nhal-y-sarn ysywaeth
  Ni welwn Lyfni mwy,
Na gwartheg gwyrthiol Pebin
  Yn eu cynefin hwy.
Buan y'n dysgodd bywyd
  Athrawiaeth llanw a thrai:
Rhyngom a'r ddôl ddihalog
  Daeth chwydfa'r Gloddfa Glai.

R. Williams Parry

'Seimon, Mab Jona' – I. D. Hooson

Bob tro rydw i wedi clywed y gerdd yn cael ei llefaru mae wedi gadael ei hoel arnaf ac wedi gwneud i mi feddwl. I weinidog yr Efengyl, mae yna arwyddocâd pendant i eiriau'r gerdd a'r teimladau sydd yn cael eu mynegi ynddi. O ystyried yr alwad i fynd yn weinidog ac i rannu Efengyl Iesu Grist, mae geiriau agoriadol Seimon yn taro tant:

> 'Gwelais ei wyneb a chlywais ei lef,
> A rhaid, a rhaid oedd ei ddilyn Ef.
> Cryfach a thaerach yr alwad hon
> A mwynach, mil mwynach na galwad y don.'

Ac yna mae'r holwr yn y gerdd y dweud wrth Seimon:

> 'A buost edifar, fab Jona, 'r wy'n siŵr.'

Mae'r sylw yma yn adleisio rhai sylwadau yr ydw i wedi eu cael yn dilyn fy mhenderfyniad i fynd i'r weinidogaeth. Mae Seimon yn mynd rhagddo i esbonio ei benderfyniad, a gallaf uniaethu â'i deimladau. Mae cwpled yn ateb olaf Seimon yn crynhoi neges yr Efengyl:

> 'Na, na, nid marw fy Arglwydd a'm Duw,
> Cyfododd yr Iesu: mae eto yn fyw.'

Gwyn Elfyn

Seimon, Mab Jona

(detholiad)

'Paham y gadewaist dy rwydau a'th gwch

Fab Jona, ar antur mor ffôl?

Gadael dy fasnach a myned ar ôl

Llencyn o Saer o Nasareth dref;

Gadael y sylwedd a dilyn y llef;

Catrerf a phriod a'th deulu i gyd,

Cychod dy dad a'th fywoliaeth glyd,

Glasfor Tiberias a'i felyn draeth,

A diddan gwmpeini hen longwyr ffraeth;

Gadael y cyfan a myned ar ôl

Llencyn o saer a breuddwydiwr ffôl.'

'Gwelais ei wyneb a chlywais ei lef,

A rhaid, a rhaid oedd ei ddilyn Ef.

Cryfach a thaerach yr alwad hon

A mwynach, mil mwynach na galwad y don

Ar hwyrnos loer-olau, ddigyffro, ddi-stŵr:

Gadewais y cyfan i ddilyn y Gŵr.'

'Ni chefaist, fab Jona, ond dirmyg a gwawd
O ddilyn dy gyfaill gofidus a thlawd;
Nosweithiau o bryder, a dyddiau o wae
Yn lle yr hen firi ac afiaeth y bae.
A buost edifar, fab Jona, 'r wy'n siŵr.'
'Na, gwynfyd fy mywyd oedd dilyn y Gŵr.
Ni welwyd un cyfaill mor rhadlon ag Ef,
Mor dyner, mor eon, mor ffyddlon ag Ef.'

***

'Ond ofer fu'r cyfan, fab Jona, a'r groes
Fu diwedd dy gyfaill ym mlodau ei oes.
Fe'i rhoddwdyd i orwedd yn welw ei wedd,
A seliodd y milwyr y maen ar ei fedd.
Gwell it anghofio'r breuddwydiwr ffôl,
A throi at dy rwydau a'th gychod yn ôl.'
'Na, na, nid marw fy Arglwydd a'm Duw,
 Cyfododd yr Iesu: mae eto yn fyw.

'A minnau a'i gwelsom a thystion ŷm ni
Mai gobaith yr oesoedd yw Croes Calfari.

'Mi welais y man y gorweddodd Ef,
A mwyach, yn eon mi godaf fy llef
I dystio am Iesu, Iachawdwr y byd,
Os f'Arglwydd a'i myn, drwy'r ddaear i gyd:
Cans gwelais ogoniant y Tad yn ei wedd —
Tywysog y Bywyd, Gorchfygwr y bedd.'

I. D. Hooson

Gareth Potter

'Cofio' – Waldo Wiliams

Gwpwl o hafau yn ôl roeddwn i a fy ngwraig, Sue, yn eistedd ar un o draethau gorllewinol ynys Falearaidd Ibiza yn gwylio'r haul yn machlud. Roeddem ni wedi gyrru i ffwrdd o dyrfaoedd San Antonio a'i stribedyn o fariau enwog megis Mambo a'r Café Del Mar er mwyn darganfod rhywle mwy tawel i edrych ar yr haul yn diflannu wrth i ddiwrnod arall o wyliau droi'n nos. Ac yma, mewn tawelwch synfyfyriol a'r awyr yn troi'n rhuddgoch o'n blaenau, fe ddaeth geiriau Waldo Williams i mi. Roeddwn i am rannu'r foment efo Sue – sy'n dod yn wreiddiol o Lerpwl ac yn ddi-Gymraeg – felly gyda lledrith y rhyngrhwyd, fe dynnais gyfieithiad ardderchog Alan Llwyd o'r awyr a'i ddarllen o'r sgrin wrth i'r belen fawr goch ddiflannu tu hwnt i'r gorwel pell.

Ar ôl cyrraedd adre mi es i ati i greu cymysgedd DJ o gerddoriaeth Gymraeg a'i bostio i fy nhudalen ar mixcloud.com a'i alw'n 'Wrth i'r Haul Ddisgyn i'r Môr' gan ddychmygu set *chill out* Cymraeg i'r Ynysoedd y Balearaidd. Ychydig dros flwyddyn yn ddiweddarach roeddwn wedi cael gwahoddiad i chwarau'r steil yma o gerddoriaeth ger pwll nofio ar brynhawn Sul yn yr enwog Pikes Hotel. Cerddoriaeth fwy addfwyn, mwy tyner na'r bîts ffyrnig a glywir yn y clybiau nos tan y wawr, ond cerddoriaeth sy'n gadael i ddychymyg rhywun hedfan, 'I gofio am y pethau anghofiedig' ac ystyried sut le fase Cymru petai hi'n ynys a'i hawel yn gynnes ...

Gareth Potter

Cofio

Un funud fach cyn elo'r haul o'r wybren,
 Un funud fwyn cyn delo'r hwyr i'w hynt,
I gofio am y pethau anghofiedig
 Ar goll yn awr yn llwch yr amser gynt.

Fel ewyn ton a dyr ar draethell unig,
 Fel cân y gwynt lle nid oes glust a glyw,
Mi wn eu bod yn galw'n ofer arnom —
 Hen bethau anghofiedig dynol ryw.

Camp a chelfyddyd y cenhedloedd cynnar,
 Anheddau bychain a neuaddau mawr,
Y chwedlau cain a chwalwyd ers canrifoedd
 Y duwiau na ŵyr neb amdanynt 'nawr.

A geiriau bach hen ieithoedd diflanedig,

   Hoyw yng ngenau dynion oeddynt hwy,

A thlws i'r glust ym mharabl plant bychain,

   Ond tafod neb ni eilw arnynt mwy.

O, genedlaethau dirifedi daear,

   A'u breuddwyd dwyfol a'u dwyfoldeb brau,

A erys ond tawelwch i'r calonnau

   Fu gynt yn llawenychu a thristáu?

Mynych ym mirg yr hwyr, a mi yn unig,

   Daw hiraeth am eich 'nabod chwi bob un;

A oes a'ch deil o hyd mew cof a chalon,

   Hen bethau anghofiedig teulu dyn?

Waldo Williams

'Mab y Bwthyn' – Cynan

Pe bai rhywun yn gofyn i mi p'un yw fy hoff fardd Cymraeg, yna Cynan fyddai'r ateb, ac o'r holl gerddi a ysgrifennodd o, 'Mab y Bwthyn' yw'r un sy'n golygu fwyaf i mi. Hon yw'r gerdd a enillodd Goron Prifwyl Caernarfon i Cynan yn 1921. Yn wahanol i nifer o feirdd eraill, roedd Cynan ei hun wedi gorfod brwydro yn y Rhyfel Mawr.

Mae'n wirioneddol gas gen i ryfela. Gwn fod gwleidyddion yn gorfod amddiffyn eu gwledydd eu hunain, ond erbyn hyn mae gennym gymaint o enghreifftiau o wleidyddion yn mocha mewn gwledydd eraill, a channoedd ar filoedd o bobl ddiniwed yn cael eu lladd yn sgil hynny.

Mae apêl y lluoedd arfog yn fawr i gymaint o bobl ifanc, ond pan ddaw'r alwad i ryfel disgwylir i'r milwyr hyn 'ladd gwerinwr ... heb un cweryl gydag ef'. Fel mam i dri o blant, y peth gwaethaf y gallaf ei ddychmygu yw colli plentyn mewn rhyfel diangen.

Annette Bryn Parry

Mab y Bwthyn

(detholiad)

Mab y Bwthyn tlawd,

Paham y lleddaist ti dy frawd?

Er mwyn bodloni creulon raib

Penaethiad byd, cymeraist gaib

A rhaw, a thoraist iti ffos,

A llechaist ynddi ddydd a nos

I ladd gwerinwyr. Pa sawl dyn

A saethaist heb ei weld dy hun

Na chlywed am un waith ei lef,

A heb un cweryl gydag ef?

A pha sawl tad a pha sawl mam

Sy'n dioddef heddiw am y cam?

Mewn pa sawl 'bwthyn ger y nant'

Y mae 'gwraig weddw gyda'i phlant'?

Cynan

'Cynhaeaf' – Dic Jones

Un o'r atgofion cynharaf sydd gen i ydi sefyll mewn cae gwair. Roeddwn i tua phedair oed ar y pryd ac roedd 'na gaseg wedd anferthol yn tynnu trol ac yn dod yn syth amdanaf i. Ym Mhlas Mawr, Groeslon oeddwn i, fferm fy nhaid a fy nain, cartref fy mam. A daeth Yncl Defi i fy achub rhag carnau'r ceffyl a 'nghodi i freichiau fy nhad ar ben y llwyth gwair rhydd.

Cofiaf y daith yna i'r gadlas tra bydda' i, yr arogl bendigedig yn meddwi rhywun, siglo cyson y drol, Mam a Nain yn gweiddi 'Gofal!' – a finna ar ben fy nigon, yn 'hogyn mawr'. Mi wn 'mod i'n rhamantu, ond dyna ydi'r atgofion mae awdl Dic Jones – awdl fuddugol Eisteddfod Genedlaethol Aberafan 1966 – yn ei ysgogi ynof. Nid bod Dic ei hun yn rhamantu o gwbl, wrth gwrs. Roedd o'n ymwybodol iawn o'r gynhaliaeth roedd o'n ei chael gan lafur ei gyndeidiau, ac yn ymwybodol hefyd bod dulliau amaethu newydd yn gallu bod yn felltith ac yn fendith ar yr un pryd.

> Lle cyrchai'r wlad un adeg – i'w faes aur
> Fis Awst, ni ddont chwaneg
> I gywain twf ei gnwd teg –
> Dau heddiw lle bu deuddeg.

Bryn Fôn

122

Cynhaeaf

(detholiad)

Pan ddelo'r adar i gynnar ganu
Eu halaw dirion i'm hail-hyderu,
A phan ddaw'r amser i'r hin dyneru,
I braidd eni ŵyn, i briddyn wynnu,
Af innau i gyfannu — cylch y rhod,
Yn ôl i osod a'r ddôl yn glasu.

A rhof fy ngofal i ddyfal ddofi
Gerwinder cyson gywreinder cwysi,
I roi yn addod ei chyfran iddi
O'r wledd y llynedd a roes i'm llonni;
Y ddôl a'm cynhaliodd i — â'i lluniaeth,
I hau'i holyniaeth hyd eleni.

***

Lle bu 'nhadau gynt yn rhwymyn trymwaith
Yn cerdded tolciau ar ddiwyd dalcwaith,
Mae'r pridd yn ir gan hen gert i'r gwrtaith,
Ac yn llifeirio gan eu llafurwaith,
Ac mae cloddiau goreugwaith — eu dwylo
Eto yn tystio i'w saff artistwaith.

Tybiaf y clywaf yn sgrech aflafar
Y gwylain a'r brain sydd ar y braenar,
Gyson bladuriau hen ddoeau'r ddaear,
Yn troi'u hystodau lle'r oedd trwst adar
Yn hinon yr haf cynnar, — a gwrando
Eu llyfn welleifio'n fy llyfnu llafar.

***

Gweld campwaith cywreinwaith helmwr cryno,

Bôn-i-linyn wrth araf benlinio,

A chloi saernïaeth uchel siwrneio

Ei gylchau haidd yn ddiogelwch iddo,

Yn gaer o gnwd rhag oer gno'r gaeafwynt,

A newyn dwyreinwynt pan drywano.

Gwaddol eu hirder sy'n glasu f'erwau

A hil eu hŵyn sy'n llenwi 'nghorlannau,

Ffrwyth eu hir ganfod yw fy ngwybodau,

Twf eu dilyniaint yw fy ydlannau,

A'u haelaethwych haul hwythau, — o'i stôr maeth,

Yn eu holyniaeth a'm cynnal innau.

Dic Jones

Mari Grug

'Y Llanw' (detholiad) – Eifion Wyn

Fel merch sydd wedi ei magu ym Mynachlog-ddu mae geiriau Waldo Williams wastad yn ysbrydoli, ond ar gyfer y gyfrol yma dwi wedi dewis rhan o gerdd gan fardd o Borthmadog.

Fy mam-gu wnaeth fy nghyflwyno i'r pennill hwn. Mae fy mam-gu wedi ei geni a'i magu ym Mynachlog-ddu ac wedi aros yn ei milltir sgwâr drwy ei hoes, ac yn falch iawn o hynny. Pan oeddwn i yn fy arddegau ac yn cael blas ar grwydro a theithio, yn aml byddai fy mam-gu yn fy mhoeni a gweud 'Wel, os ishe mynd ar dramp 'to!' a byddai'n fy atgoffa ei bod hi wedi yn hapus yn ei chynefin ar hyd ei hoes. Er hyn, byddai'n adrodd o'i chof y darn bach yma o gerdd Eifion Wyn. A hyd heddiw, a hithau'n 90 mlwydd oed, mae geiriau Eifion Wyn yn dal ar ei chof a, diolch iddi hi, wedi creu effaith arna i. Fel mam, dwi'n gobeithio y bydd fy mechgyn i yn cael cyfle i deithio a gweld y byd ond eto y byddan nhw'n dod am adre' ac yn falch o'u gwreiddiau a'u cartref yng Nghymru.

Mari Grug

Y Llanw

(detholiad)

Mae'n werth troi'n alltud ambell dro,
   A mynd o Gymru fach ymhell,
Er mwyn cael dod i Gymru'n ôl,
   A medru caru Cymru'n well.

Eifion Wyn

Osian Rhys Jones

'Rhyddid' – Emyr Lewis

Mae'n hawdd iawn i rywun sy'n byw yng Nghaerdydd feddwl am amser fel tipyn o broblem. Ym mrys yr amserlenni, does byth digon o amser yn y byd. Mae sawl rheswm pam mae 'Rhyddid' gan Emyr Lewis – cerdd a enillodd Goron Eisteddfod Genedlaethol 1998 – yn gydymaith cyson i mi yn nhreigl di-baid y bywyd dinesig.

Mae'r gerdd hon yn ein hannog i chwilio'r 'cilfachau mud' lle mae 'amser arall' i'w weld a'i glywed: amser y tu hwnt i glociau a chloch y bar yn cau. Amser sy'n fyw yn ein dychymyg, ein hatgofion a'n breuddwydion yw'r amser hwn. Amser lle mae modd dychmygu bywyd rhydd, y tu hwnt i ragfarnau, rheolau a chyfyngiadau y mae cymdeithas a chonfensiwn yn eu gosod arnom.

Rheswm arall pam ei bod yn arbennig yw ei golwg gariadus a thyner ar Gaerdydd. Mae'n ymwrthod yn llwyr â'r rhamantiaeth orgyffredin honno mewn barddoniaeth Gymraeg – un sy'n dehongli'r wlad fel lle moesol a da, a'r ddinas fel lle anwaraidd ac aflan. Cerdd o ledrith a swyn yw hon; mae ei geiriau yn dawnsio ac felly'n llithro i mewn ac allan o freichiau amser gwirioneddol. Wrth ymgolli yn y profiadau bach bob dydd – arogleuon Caroline Street, sŵn sacsoffôn neu wefrau cariad – gallwn ninnau ddianc o bryd i'w gilydd.

Ond eto, 'amser amherffaith' yw hwn – seibiant yn unig a gawn rhag gorthrwm amser gwirioneddol. Rhaid cymryd pob cyfle i ddianc o'r amser digyfaddawd, didrugaredd sy'n llithro o'n gafael. Mae'n rhaid byw o fewn amser a thu hwnt iddo. Mae gennym wastad ddigon o amser, dim ond i ni gyfaddawdu a chwilio am y 'cilfachau hud'.

Osian Rhys Jones

Rhyddid

(detholiad)

VIII

Yn yr amser amherffaith y caniateir
i ni freuddwydio ynddo, mewn seibiannau
rhwng ufuddhau i'r tician digyfaddawd,
pan fydd y sêr i'w gweld, a'r holl fydysawd
y canu'i delynegion i ni'n dau,
yn nhywyllwch canhwyllau, yn sŵn ceir,
mae'r nos yn cau.

Am nad yw arad dychymyg yn troi'r stryd
yn fraenar cyfiaith lle cawn ni weddïo,
am nad yw'n codi'r trugareddau gollwyd
heb eu marwadu'n iawn, am na all breuddwyd
drwsio egwyddor clociau, am y tro
yn salem ein noswylio, dyna glyd
yw byw dan glo.

Yma mae ein cyfaddawd, ein hamser cain,
rhwng diniweidrwydd rhemp ein caru cyntaf
a'r llwch anadlwyd gennym ers blynyddoedd
y llundain-ddoeth, yn gyfrwys fel dinasoedd.
Rhyngddynt, a rhwng y coed ar lannau Taf
noswyliwn mewn dawns olaf yn sŵn brain,
ryw noson braf.

Emyr Lewis

Shân Cothi

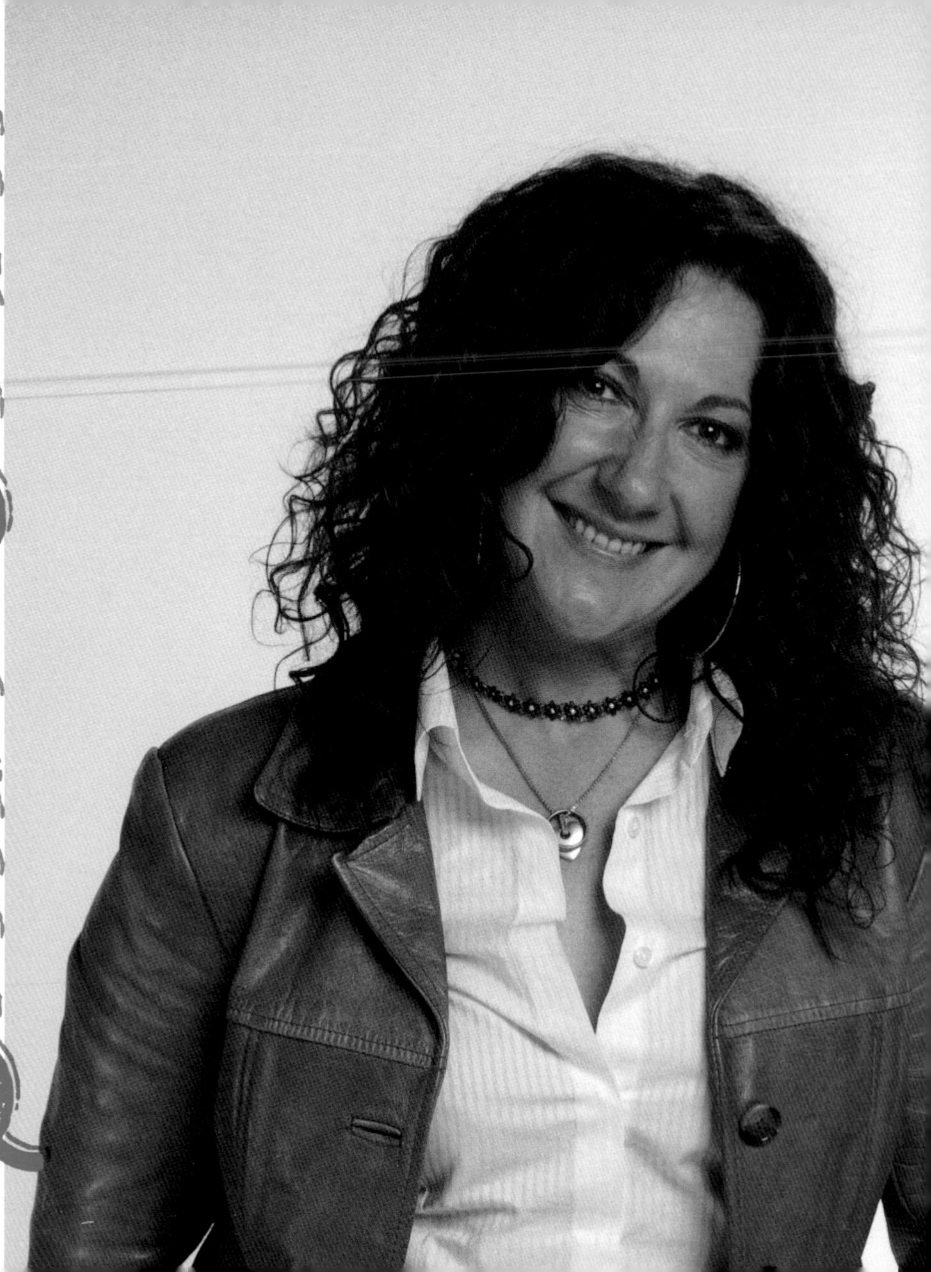

'Cwm Alltcafan' – T. Llew Jones

Dwi'n cofio mynd am wersi 'adrodd' pan oeddwn i'n blentyn er mwyn cael cystadlu yn eisteddfodau bach y wlad. Roeddwn yn ffodus iawn i gael hyfforddiant gan ein gweinidog yng Nghapel Bethel, Caio ac yntau'n digwydd bod yn Brifardd – neb llai na'r cyn-Archdderwydd Elerydd, sef y Parch. W. J. Gruffydd. Un o'r cerddi di-ri wnes i ddysgu dros y blynyddoedd er mwyn meithrin y ddawn i gyfathrebu ar y llwyfan oedd 'Cwm Alltcafan' gan yr unigryw T. Llew Jones.

Ar y pryd, doeddwn i ddim yn gallu gwerthfawrogi'n llawn holl wychder y gerdd, a'r gallu oedd gan y dyn i ddisgrifio'r lleoliad hudolus yma. Ond dwi'n cofio mynd gydag Anti Nansi ac Wncwl Dewi Brongest am sbin yn y car yn arbennig i Gwm Alltcafan er mwyn i mi gael ei hadrodd hi'n well! A do ... fe ges i lwyddiant 'da'r darn bytholwyrdd yma. Diolch am y cerddi godidog sy' wedi aros yn y cof am byth, T. Llew.

Shân Cothi

Cwm Alltcafan

Fuoch chi yng Nghwm Alltcafan
Lle mae'r haf yn oedi'n hir?
Lle mae'r sane gwcw glasaf?
Naddo? Naddo *wir*?

Welsoch chi mo afon Teifi'n
Llifo'n araf drwy y cwm?
Welsoch chi mo flodau'r eithin
Ar y llethrau'n garped trwm?

A fûm i'n y Swistir? Naddo.
Na, nac yn yr Eidal chwaith,
Ond mi fûm yng Nghwm Alltcafan
Ym Mehefin lawer gwaith.

Gweled llynnoedd mwyn Killarney
Yn Iwerddon? Naddo fi;
Tra bu rhai yn crwydro'r gwledydd
Aros gartref a wnes i.

Ewch i'r Swistir, ac i'r Eidal,
Neu Iwerddon ar eich tro,
Ewch i'r Alban, y mae yno
Olygfeydd godidog, sbo.

Ond i mi rhowch Gwm Alltcafan
Pan fo'r haf yn glasu'r byd,
Yno mae'r olygfa orau,
A chewch gadw'r lleill i gyd.

Welsoch chi mo Gwm Alltcafan,
Lle mae'r coed a'r afon ddofn?
Ewch, da chi, i Gwm Alltcafan,
Peidiwch oedi'n hwy ... rhag ofn!

T. Llew Jones

Gwyneth Glyn

'Englynion i Dduw' – Lewys Glyn Cothi

Cefais wahoddiad gan y Parch. Pryderi Llwyd Jones i gyfrannu at encil Cristnogaeth 21 yn Eglwys Aberdaron eleni ar thema 'Môr Goleuni, Tir Tywyll' – dyfyniad o waith Waldo, a'i ben-blwydd yntau ar y diwrnod dan sylw (Medi'r 30ain).

Wrth baratoi, tynnwyd fy sylw at gadwyn o englynion o waith Lewys Glyn Cothi, bardd o'r bymthegfed ganrif ac awdur un arall o'm hoff gerddi, sef 'Marwnad Siôn y Glyn'. Fe'm cyfareddwyd gan eu symlrwydd, eu cyfrinedd a chywreinrwydd eu crefft. Maen nhw'n mynegi rhywbeth rydw i a llawer un arall yn ei deimlo – yn cynnwys R. S. Thomas, a fu'n ficer yn Eglwys Aberdaron – yma, sef bod Duw, sut bynnag yr ydan ni'n deall a dehongli'r hyn ydi o, yn treiddio i bopeth sydd o'n cwmpas ni.

Bu Twm Morys yn ddigon caredig i gasglu detholiad o'r englynion imi, gan addasu ambell linell. Gofynnodd sawl un am fy nghopi ar ddiwedd y darlleniad, a bu bron iddi droi'n sgarmes yn Eglwys Aberdaron!

Gwyneth Glyn

Englynion i Dduw

Glanaf o bob goleuni — yn y byd,
    Fel y berth yn llosgi,
  Yn yr haul, yn yr heli,
  Yn y sêr, myn f'einioes i.

Tad planed wastad, Tad niwl distaw — gwyn,
    Tad gwynt, gwaith ei law,
  Tad gwenith, Tad eginaw,
  Tad yw i'r gwlith, Tad i'r glaw.

Yn y gwŷdd y bydd, ym mhob âr — drwy'r byd
    Yn yr ŷd a'r adar,
  Yn Dduw y mae'n y ddaear,
  Yn ddewin gwyn, yn ddyn gwâr.

Yn egin y llin gerllaw, — yn y gwynt,

    Yn y gwellt yn gwreiddiaw,

    Yn y gwenith yn rhithiaw,

    Yn y gwlith ac yn y glaw.

Yn eigion ymhell, yn agos, — y mae,

    Yn y main, yn y rhos,

    Yn y niwl ac yn y nos,

    Yn y dydd, yn y diddos.

Tad Tri Enw, tad tirionaf — daear,

    Tad yw i'r cynhaeaf,

    Tad yw i'r hin, tad yr haf,

    A'i oleuni sy lanaf.

Lewys Glyn Cothi

(Addasiad Twm Morys)

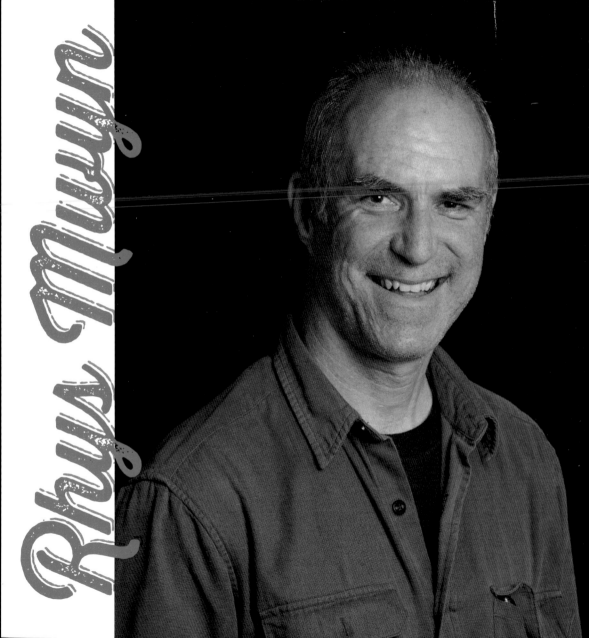

Rhys Mwyn